자녀의 인생을 바꾸는

108가지 이야기

자녀의 인생을 바꾸는

청소년 마음거울

윤지원 엮음

108가지 이야기

너울북

머리말

동서고금을 막론하고 청소년들은 어른들이 생각하지 못하는 많은 어려움에 처해 있습니다. 어른들의 시각으로 볼 때는 자그마한 문제일지라도 청소년들은 크고 무거운 짐으로 느끼는 경우가 많습니다. 모든 어른은 청소년기를 지나왔으며, 따라서 청소년은 어른들의 거울이자 고향이기도 합니다. 뿐만 아니라 청소년들은 장차 청년, 장년으로 자라서 다음 시대를 이끌어 나가야 할 주역이기도 합니다. 이렇듯 소중한 청소년들이 밝고 바르게 성장하도록 도와주는 일은 가정이나 학교만의 일이 아니라 우리 사회 모두가 머리를 맞대고 노력해야 할 중요한 일입니다.

청소년 시기는 많은 것들이 낯설고 놀랍고 고민투성이입니다. 외모나 성적, 친구 관계 등에서 오는 고민이나 갈등들이 적지 않습니다. 신체적인 성장과 정신적인 미성숙의 괴리, 어린이에서 어른으로 성장하는 과정의 부적응으로 인해 방황하기도 합니다. 우리 어른들이 이러한 과정을 거쳐서 오늘에 이른 것처럼, 청소년들도 결과적으로는 잘 성장할 것입니다. 그러나 간혹 청소년들이 받는 육체적·정신적 고통이 심해져서 일탈이 있거나 사회적 이슈가 될 만큼 큰 문제가 생기기도 하는 것이 사실입니다. 청소년기의 많은 문제는 사실상 청소년들이 자신의 정체성을 제대로 세우지 못하고 자신이 이 우주공간에서 얼마나 아름답고 소중한 존재인지를 이해하지 못하기 때문에 발생합니다.

이러한 청소년 문제들을 해결하는 데 조금이라도 도움을 주기 위하여 이 책이 편찬되었습니다. 이 책은 가정이나 학교, 청소년 단체나 종교 단체 등에서 토론의 소재로 활용될 수도 있으며, 그 자체로 차근차근 읽어 나가는 것도 청소년들의 정신 건강과 정체성 확립에 큰 도움이 될 것입니다. 또한 이 책과 더불어 모바일 앱으로 개발된 〈청소년 마음거울 108〉은 이 책의 가장 작은 단위들을 모아서 음성으로 제공하기 때문에 가정이나 단체에서 이를 활용하여 육체와 정신 수양에 도움을 받을 수 있을 것입니다.

이 책은 크게 3개의 장으로 구성되어 있고, 각 장은 다시 3개의 작은 제목으로 나누어져 있으며, 이들은 또한 몇 개씩의 이야기로 구성되어 있습니다. 첫째 장은 나를 바르게 이해하기 위한 장이요, 둘째 장은 나를 바르게 성장시키기 위한 장입니다. 마지막 장은 사회와 조화롭게 사는 데 도움이 되도록 꾸몄습니다. 그리고 각 소제목마다 청소년의 교양과 지식함양에 도움이 될 수 있도록 동서양의 역사에 등장하는 교훈적이거나 감동적인 이야기들을 함께 실었습니다. 이 이야기들 하나하나는 모두 청소년들이 올바른 인생관과 미래관을 갖도록 도움을 줄 것입니다.

따라서 이 책의 1장을 통해서는 질풍노도의 시기를 걷고 있는 우리 청소년들이 자신이 귀중한 존재라는 걸 이해하고, 청소년기가 어려운 시기만이 아니라 인생 전반에서 귀중하고 아름다운 시기라는 것과 가족의 중요성을 이해하게 될 것입니다. 그리고 2장을 통해서는 청소년 스스로가 인격을 함양하기 위해 노력하고, 자신의 감성을 풍성하게 가지도록 노력할 것이며, 청소년 스스로 자신의 삶을 설계할 수 있는 토대가 갖춰질 것입니다. 마지막으로 3장에서는 자신의 친구와 선생님들이 자기 삶의 등불이며, 자신의 행동 하나하나가 자신의 역사를 쌓아 나가는 소재가 되며, 주변에 있는 사소한 것도 함부로 대하지 않고 더불어 조화롭게 살아가는 방법을 배울 수 있을 것입니다.

이 책의 전체 내용을 기획하신 원일훈 교수님, 정광균 님, 김송묵 님, 김경자 님, 일러스트를 맡아주신 김선용 님, 최진만 님, 글을 쓰고 다듬어주신 신연호 작가님, 김규년 교수님, 박선아 님, 그 외 출판을 위해 애써주신 서정임 님과 도서출판 너울북 대표님을 비롯한 모든 분들께 깊은 감사를 드립니다. 아무쪼록 가정이나 학교, 청소년 단체에서 보다 많은 청소년들이 이 책을 읽고 토론하는 과정을 통해 올바르고 건강하게 성장할 수 있기를 바랍니다.

2013년 7월

엮은이 윤지원

머리말 • 5

1장 나, 이해하기

빛나는 존재, 나

1. 나는 이 세상에 하나밖에 없는 소중한 사람입니다 • 16

2. 세상의 모든 존재처럼 나도 가치 있는 사람입니다 • 18

3. 나는 나 자신을 존중하고 신뢰하겠습니다 • 20

4. 내 삶의 주인으로서 나는 내 일을 스스로 결정하고 해결하겠습니다 • 22

5. 내 자신을 올바르게 가꾸고 지켜서 삶을 행복하게 만들어 가겠습니다 • 24

6. 지금 이대로의 내 모습도 자랑스럽게 여기며 나의 꿈을 키우겠습니다 • 26

7. 나 스스로에게 부끄럽지 않고 당당한 사람이 되겠습니다 • 28

8. 나를 남과 비교하며 열등감에 빠지거나 우월감을 갖지 않겠습니다 • 30

9. 내 안에 숨어 있는 무한한 가능성을 믿고 키우며 성장하겠습니다 • 32

10. 나는 자신감과 끈기를 갖고 모든 일을 열심히 하겠습니다 • 34

11. 나는 어떤 일도 해 낼 수 있는 능력과 의지를 가졌다는 긍정적인 생각을
하겠습니다 • 36

12. 내가 가진 청정한 성품을 잘 지키겠습니다 • 38

아름다운 시절, 청소년기

13. 나는 청소년기를 지혜롭게 보내겠습니다 • 42

14. 때때로 거칠고 불안한 감정이 생기더라도 마음을 잘 다스려서 나의 참모
습을 되찾겠습니다 • 44

15. 활달하거나 소심한 성격 모두 사회를 조화시키는 데 도움이 됨을 인정하
겠습니다 • 46

16. 나를 힘들게 하는 상황이 오면 마음을 열고 주위에 도움을 청하겠습니다 • 48

17. 내가 실수를 하더라도 바로 잡을 줄 아는 용기를 가지며 같은 실수를 되
풀이하지 않겠습니다 • 50

18. 내 몸과 마음을 모두 건강하게 가꾸겠습니다 • 52

19. 내 몸의 변화는 성장과정에 나타나는 당연한 것이므로 자연스럽게 받아들이겠습니다 • 54

20. 남자와 여자의 생물학적 차이가 우열의 기준이 아님을 알겠습니다 • 56

21. 나는 한순간이라도 성을 폭력과 희롱의 수단으로 삼지 않겠습니다 • 58

22. 성은 생명을 창조하는 고귀한 선물임을 명심하겠습니다 • 60

23. 내 삶에 한 번뿐인 청소년기를 알차게 보내겠습니다 • 62

24. 내 삶을 술이나 담배 같은 해로운 습관으로 물들이지 않겠습니다 • 64

세상에서 가장 멋진 공동체, 가족

25. 한부모 가정이나 다문화 가정처럼 다양한 가족 형태가 존재함을 인정하고 편견을 갖지 않겠습니다 • 68

26. 우리 가족은 나의 든든한 울타리이며 나는 우리 가족의 소중한 구성원임을 명심하겠습니다 • 70

27. 나는 가족의 구성원으로서 집안일도 책임감을 가지고 기꺼이 동참하겠습니다 • 72

28. 부모님께 무례한 마음을 갖거나 행동을 하지 않고 항상 공경하겠습니다 • 74

29. 부모님도 실수할 때가 있음을 알고 이해하겠습니다 • 76

30. 부모님의 능력이나 형편은 내가 이룬 것이 아니기에 자만심이나 열등감을 갖지 않겠습니다 • 78

31. 외출할 때 가족에게 행선지를 알리고 귀가 시간을 지키겠습니다 • 80

32. 일가친척에게 애정과 관심을 갖겠습니다 • 82

33. 나의 말과 행동이 동생들에게 모범이 될 수 있도록 하겠습니다 • 84

2장. 나, 바로 세우기

나를 돋보이게 하는 인격

34. 온화한 성품과 인성을 갖추겠습니다 • 90

35. 나는 얼굴을 가꾸듯 마음을 아름답게 가꾸겠습니다 • 92

36. 나는 마음의 평정심을 유지하며 화내거나 짜증내지 않겠습니다 • 94

37. 슬픔이나 괴로움은 마음먹기에 따라 행복으로 바꿀 수 있음을 기억하겠습니다 • 96

38. 누군가를 미워하거나 괴롭히면 내 마음도 다친다는 것을 기억하겠습니다 • 98

39. 남의 허물에는 엄격하고 나의 잘못에는 관대한 이중잣대를 갖지 않겠습니다 • 100

40. 남에게 받은 상처를 마음에 오래 담아두지 않으며 그 상처로 아파하지 않겠습니다 • 102

41. 나는 어떠한 경우라도 물리적 폭력이나 언어적 폭력을 사용하지 않겠습니다 • 104

42. 무심코 한 말이나 행동으로 남에게 상처를 주지 않도록 조심하겠습니다 • 106

43. 욕설은 남의 명예를 훼손하고 모욕을 주는 말이므로 재미삼아 쓰지 않겠습니다 • 108

44. 사이버 공간에서 닉네임의 가면 뒤에 숨어 악플을 쓰지 않겠습니다 • 110

45. 나는 남을 도울 때 보답을 바라지 않겠습니다 • 112

46. 내 양심에 비추어 부끄럽지 않게 행동하고 정의롭게 살겠습니다 • 114

47. 돈과 물질적인 풍요만을 내 인생의 목표로 삼지 않겠습니다 • 116

48. 남의 시간과 계획도 귀하게 여기며 약속을 지키겠습니다 • 118

풍요로운 자산, 감성

49. 나는 휴대전화나 컴퓨터에 노예처럼 얽매이지 않겠습니다 • 122

50. 나는 취미생활을 할 때에도 매 순간 최선을 다하겠습니다 • 124

51. 웃음으로 내 얼굴과 마음을 환하게 가꾸겠습니다 • 126

52. 나와 주위 사람을 행복하게 만드는 사람이 되겠습니다 • 128

53. 때때로 나는 세상을 두루 경험할 수 있는 여행을 하겠습니다 • 130

54. 다양한 문화예술을 경험하여 교양을 쌓고 성숙의 기회로 삼겠습니다 • 132

55. 나는 세상의 진실을 마주하고 바른 시각을 가질 수 있는 체험을 하겠습니다 • 134

56. 용돈은 예산을 세워서 알차게 쓰겠습니다 • 136

57. 나는 건강을 위해 편식을 하지 않으며 간단한 요리법을 하나쯤 익혀두겠
    습니다 • 138

나는 내 삶의 디자이너

58. 나는 내 인생의 올바른 목표를 세우고 정진하겠습니다 • 142

59. 내 마음의 그릇이 큰 그릇이 되도록 노력하겠습니다 • 144

60. 성공과 실패는 함께할 수 있다는 것을 받아들이겠습니다 • 146

61. 철 없는 판단으로 나 자신을 위험에 빠뜨리거나 미래에 흠집을 내지 않겠
    습니다 • 148

62. 나는 먼저 깊이 잘 생각한 다음에 말하고 행동하겠습니다 • 150

63. 새로운 일을 계획할 때 앞일을 예상하고 대응 방법도 함께 생각해 보겠습
    니다 • 152

64. 한번 시작한 일은 어려운 상황이 생겨도 끝까지 최선을 다하겠습니
    다 • 154

65. 나는 공부를 할 때 짧은 시간이라도 집중하겠습니다 • 156

66. 나는 단편적인 지식 습득보다는 끝없이 질문하고 탐구하는 습관을 들이
    겠습니다 • 158

67. 수많은 정보 속에서 올바른 정보를 골라내는 안목을 키우겠습니다 • 160

68. 나는 평소에도 시간을 효율적으로 관리하겠습니다 • 162

69. 인생의 지침으로 삼을 수 있는 좌우명을 정해 마음에 새기고 실천하겠습
    니다 • 164

70. 내가 존경하는 분의 올바른 가치관과 행동을 본받겠습니다 • 166

71. 내가 좋아하는 일, 잘하는 일, 세상에 도움되는 일을 직업 선택의 기준으
    로 삼겠습니다 • 168

72. 학교는 친구들과 어울리며 더불어 성장하는 곳임을 명심하겠습니
    다 • 170

3장. 주변과 소통하기

내 삶의 등불, 친구와 스승

73. 나는 학교 친구들과 즐겁게 생활하고 서로 도와주며 지내겠습니다 • 176

74. 나는 학교 동아리 활동에 적극적으로 참여하겠습니다 • 178

75. 나 먼저 솔선수범하여 교실을 청소하고 정리 정돈을 하겠습니다 • 180

76. 나와 친구는 삶이라는 긴 여정을 함께하는 동반자이기에 진심으로 대하
겠습니다 • 182

77. 나는 친구를 먼저 배려하는 마음을 갖겠습니다 • 184

78. 친구와 갈등이 생겼을 때 자존심 때문에 화해할 기회를 놓치지 않겠습니
다 • 186

79. 친구가 없는 곳에서 험담을 하거나 친구의 비밀이나 단점을 함부로 발설
하지 않겠습니다 • 188

80. 선생님은 나를 바른 길로 이끌어주시는 분이므로 예의바르게 행동하겠습
니다 • 190

81. 남에게 충고할 때는 나 자신을 돌아보고 그를 위하는 마음을 담아 하겠습
니다 • 192

82. 다른 사람이 나를 위해 충고해줄 때는 겸손하게 받아들이겠습니다 • 194

나의 사상과 행동이 곧 역사

83. 나는 지구인으로서 세계에서 일어나는 일에 관심을 갖겠습니다 • 198

84. 세계의 다양한 문화는 인류를 풍요롭게 만드는 것임을 기억하겠습니
다 • 200

85. 우리 것과 다른 문화를 배척하지 않고 있는 그대로 인정하겠습니다 • 202

86. 세상의 가치를 내 기준에 맞춰 편 가르지 않겠습니다 • 204

87. 나는 민주시민으로서 권리와 의무를 다하겠습니다 • 206

88. 사회의 부조리에 관심을 갖고 사회적 약자를 돕겠습니다 • 208

89. 나는 우리 사회의 소수자를 편견으로 대하지 않겠습니다 • 210

90. 나는 역사의 주인공임을 명심하고 좋은 사회를 만드는 데 도움이 되겠습
니다 • 212

91. 나는 봉사활동이 남을 배려하고 깨달음을 얻는 기회임을 명심하겠습니다 • 214

92. 나는 모든 생명을 귀하게 여기겠습니다 • 216

93. 나는 자연을 아끼고 사랑하며 후손에게 건강한 환경을 물려주겠습니다 • 218

94. 내 편리를 위해 환경을 해치지 않겠으며 환경보호를 실천하겠습니다 • 220

95. 내가 존중받기 원하는 마음으로 상대방을 먼저 존중하겠습니다 • 222

96. 나는 외적인 조건으로 사람을 판단하지 않겠습니다 • 224

97. 나는 지적재산권을 침해하지 않겠습니다 • 226

98. 나는 사회규범을 잘 지키겠습니다 • 228

세상과 이야기하는 법

99. 내가 모르는 것을 아는 척하지 않겠습니다 • 232

100. 대화를 할 때 내 주장만 하지 않겠습니다 • 234

101. 대화를 할 때 건성으로 답변하지 않고 성의를 다해 대답하겠습니다 • 236

102. 오해가 생겼을 때 상대방의 말을 충분히 듣고 나서 판단하겠습니다 • 238

103. 상대방이 싫다고 하거나 거절하는 것도 이해하며 받아들이겠습니다 • 240

104. 나의 잘못이나 실수를 타인의 탓으로 돌리지 않겠습니다 • 242

105. 나는 우연한 만남도 좋은 인연이 되도록 하겠습니다 • 244

106. 나는 이성친구를 대할 때 예의를 갖추겠습니다 • 246

107. 나는 남을 쉽게 동정하거나 무시하지 않겠습니다 • 248

108. 내가 가진 것에 집착하거나 갖지 않은 것을 탐하지 않고 세상의 이로움을 위해 베풀며 살겠습니다 • 250

참고문헌 • 252

자녀의 인생을 바꾸는
108가지 이야기

1장

나, 이해하기

빛나는 존재, 나

인생의 행복을 결정짓는 중요한 요소 가운데 하나는 '자존감'이다. 자기 스스로의 가치를 인정하고 존중하는 마음이다. 자존감의 밑바탕에는 어떤 일도 해낼 수 있다는 자기 능력에 대한 믿음, 나는 행복하게 살아야 하는 사람이라는 믿음이 깔려 있다. 자존감이 높은 사람은 자기 자신을 믿으며 행복하게 살기 위해 노력한다.

자존감은 나에 관한 가치이지만 타인과의 관계에도 큰 영향을 준다. 자기 스스로 행복한 사람은 가족이나 친구와도 좋은 관계를 유지하려고 하기 때문이다. 이런 점에서 자존감은 자존심이나 자만심과는 다르다.

1
나는 이 세상에 하나밖에 없는 소중한 사람입니다

I am precious and unique in the world.

'천상천하 유아독존', 우리들이 즐겨 보는 만화나 영화 등에 자주 등장하는 말이다. 흔히 어처구니없이 잘난 체 하는 상황에서 사용되거나, 혹은 모든 일을 자기 마음 대로 하려는 독선적인 사람을 비꼴 때 쓰인다.

그러나 이 말, '천상천하 유아독존天上天下唯我獨尊'은 본래 석가모니 부처님이 하신 말씀이다. 석가모니는 기원전 5세기경, 북인도 지역의 왕인 숫도다나의 아들로 태어났다. 어머니 마야 부인은 해산을 하려고 친정으로 가다가 현재의 네팔 국경 지대인 룸비니 동산에서 무우수(無憂樹, 걱정 없는 나무라는 뜻) 가지를 붙잡고 왕자를 낳았다. 갓 태어난 왕자는 사방으로 일곱 걸음씩 걸은 뒤에 '천상천하 유아독존 天上天下唯我獨尊 삼계개고 아당안지三界皆苦我當安之'라고 선언하였다. '하늘 위와 하늘 아래에 오직 내가 존귀하다. 온 세상이 고통에 잠겨 있으니 내 마땅히 이를 편안케 하리라.'는 뜻이다.

우리는 '천상천하 유아독존'이라는 말을 크게 오해하고 있다. 이 말은 '내가 제일 잘 났어'라는 뜻이 아니다. 말 그대로 '나는 이 세상의 존귀한 존재이다'로 풀이해야 한다.

물론 여기에서의 '나'는 다양하게 해석된다. 부처님 자신으로 해석하기도 하고, 모든 생명으로 해석하기도 한다. 어떻게 해석을 하든 중요한 것은 '존재의 존귀함' 이다.

불경에는 '깨달음을 얻으면 중생이 곧 부처'라는 말이 있다. 하루하루 열심히 살아가는 우리도 부처님처럼 존엄하고 귀한 존재이다. 이 세상에 하나밖에 없는 존엄

한 존재, 우리는 모두 '천상천하 유아독존'이다.

* 스스로 귀한 존재라고 여길 때는 언제인가?
* 부처님이 유아독존이라고 하신 참된 이유는 무엇일까?

2

세상의 모든 존재처럼 나도 가치 있는 사람입니다

Like all other beings in this world, I am valuable.

막심 고리키(Maxim Gorky, 1868~1936년)는 러시아의 희곡작가이자 소설가이다. 고리키는 작품 속에서 힘겹게 살아가는 노동자, 부랑자 등을 주로 그렸는데, 그의 인생도 이 사람들과 다르지 않았다. 가난한 노동자의 아들로 태어나 네 살 때 아버지를 잃고 조부모 밑에서 성장하며 가난한 노동자로 힘겨운 삶을 이어갔다. 그러나 톨스토이에 감명 받아 홀로 문학을 공부한 뒤에 뛰어난 작품을 써냈다. 1936년에 폐렴으로 죽었다고 알려졌으나 정치적인 적이 독살했다는 설도 있다. 사람들은 고리키의 삶을 두고 '잡초' 같다고 말한다. 형편없이 살았다는 뜻일까? 힘겨운 환경 속에서 꿋꿋하게 살았다는 뜻일까?

잡초 이야기로 방향을 돌려보자. 잡초는 천덕꾸러기 풀로 통한다. 이름이 있어도 잡초라고 매도당한다. 농작물의 영양분을 빼앗아 농사를 망치고 해충을 불러온다고 알고 있기 때문이다.

그러나 잡초가 영 쓸모없는 풀만은 아니다. 밭에 풀이 있으면 장마철에 흙이 비에 휩쓸리지 않는다. 풀은 공기 중에 있는 질소를 잡아서 농작물이나 과일 나무의 뿌리에 공급하는 역할도 한다. 사막화가 빠르게 진행되는 몽골에서는 풀이 사막화를 막는 사업에 쓰인다. 우리가 먹고 있는 나물도 맨 처음에는 쓰임을 모르는 풀이었다. 잡초라 불리는 모든 풀들이 나물과 같은 처지다. 그 쓰임이 아직 알려지지 않았을 뿐이다.

사람도 풀과 마찬가지다. 꽃이 피는 때가 서로 다르고, 세상에 알려지는 때가 다르듯이 듯이 사람도 자기 가치를 드러내는 때가 다 다르다. 고리키의 어려운 생활

을 보고 나중에 그가 세상에 이름을 남길 문학가가 될 것이라고 예상한 사람이 누가 있었을까? 그러나 고리키는 고통스런 생활을 이겨내고 역사에 이름을 남긴 위대한 문학가가 되었다.

세상에 가치 없는 잡초는 없듯이 가치 없는 사람은 절대로 없다. 다만 늦게 피어날 뿐이다.

* 여러분은 어떤 가치를 갖고 있는 사람인가?
* 여러분이 어른이 되었을 때 어떤 가치를 실현하고 있을지 말해 보자.

3

나는 나 자신을 존중하고 신뢰하겠습니다

I will always respect and trust myself.

한비야는 '바람의 딸'이라는 별명으로 잘 알려진 여행가이자 국제구호전문가이다. 고등학교를 졸업하고 번역 아르바이트 등으로 생활하다 뒤늦게 대학을 졸업하고 광고회사의 임원으로 승승장구했다. 그러나 세계여행이라는 자기 꿈을 위해 사표를 던지고 사람들에게 덜 알려진 곳을 중심으로 여행을 다녔다. 그 결과물로 여러 권의 여행기와 에세이집을 썼는데, 그 가운데 한 책을 통해 '나는 내가 마음에 들어!'라는 고백을 했다.

우리는 친구에게 "네가 참 좋아, 네가 마음에 들어, 너를 믿어"와 같은 말을 편하게 한다. 그러나 자기 자신에게는 이런 말을 아낀다. "난 내가 마음에 들어, 사랑스러운 내가 참 좋아, 나는 나를 믿어"와 같은 말이 어색하기만 하다.

자존감이 높은 사람은 새로운 일이 주어졌을 때 성공할 확률이 높고 어려움이 닥쳤을 때는 해결할 수 있는 힘이 크다. 자기를 신뢰하고 있기 때문이다. 다른 사람과의 차이점을 빨리 인정하고 받아들인다. 내가 소중한 만큼 남도 소중하게 생각하기 때문에 다른 사람과의 관계도 좋다.

스페인의 철학자이자 작가인 그라시안의 말대로 다른 사람의 존경을 받고 싶다면 스스로를 존중해야 한다.(Respect yourself if you would have others respect you.)

※ 여러분 스스로 자존감이 높다고 생각하나? 그렇게 생각하는 이유는 무엇인가?

※ 자존감과 자만심은 어떻게 다를까?

4

내 삶의 주인으로서 나는
내 일을 스스로 결정하고 해결하겠습니다

As a master of my life, I will make my own decisions and overcome challenges.

'신데렐라 콤플렉스Cinderella Complex'라는 말은 미국의 심리치료사인 콜레트 다울링Colette Dowling이 처음 쓴 용어이자 그가 쓴 책의 제목이다. 왕자님을 만나 신분이 급상승한 유럽 민담의 신데렐라처럼 배우자를 잘 만나 인생을 개선하고픈 여성의 심리를 빗댄 말이다.

이와 비교해 우리나라 여성 독립운동가 중 한 사람인 하란사(1875~1919년)는 많은 생각거리를 제공한다. 하란사는 고위직 관리였던 남편 덕에 생활이 여유로웠지만 부잣집 안방마님에 안주하지 않고 신학문을 배우기 위해 이화학당(이화여고의 전신으로 1886년 설립)을 찾아갔다. 그러나 결혼했다는 이유로 두 번이나 입학을 거절당했다. 하지만 그녀는 포기하지 않고 캄캄한 밤에 또 다시 학당 문을 두드렸다. 그러고는 학장의 책상에 있는 등불을 꺼 버렸다.

"우리가 캄캄한 게 이 등불 꺼진 것과 같습니다. 부디 밝은 학문의 길을 열어 주세요."

학당 입학을 허가 받은 하란사는 누구보다 열심히 공부했다. 학당을 졸업한 뒤에는 미국 유학까지 다녀와 교육가로, 연설가로 활발하게 활동했으며, 독립운동에도 참여하였다. 1919년, 파리평화회의에 여성대표로 참가할 계획이었지만 일본경찰에 사전 발각되는 바람에 베이징으로 망명을 떠나야 했다. 이후 안타깝게 죽음을 맞았는데, 일본이 독살했다는 설이 파다했다. 이처럼 하란사는 시대적 상황에 굴하지 않고 자기 인생의 주인으로서 앞날을 스스로 개척하며 뜨겁게 산 사람이었다.

요즘 청소년들은 주체적으로 일을 결정할 기회가 많지 않다. 시험공부를 할 때도

학원 등에서 짜 놓은 프로그램을 따르고, 부모님의 결정에 영향을 받는다. 물론 주
변에서 어른의 조언을 받는 것은 행복한 일이다. 그러나 자기 삶의 주인으로서, 진
실로 자기가 원하는 꿈과 목표를 위해 나아가고 있는지 한 번쯤은 점검해 보기 바
란다. 조선 후기의 실학자인 다산 정약용(1762~1836년)은 "하늘은 사람에게 주인
이 될 권리를 주었다."고 말하지 않았던가.

* 여러분은 지금 주체적으로 살고 있나? 그렇게 생각하는 이유는?
* 인생을 주체적으로 살지 않고 수동적으로 살았을 때 어떤 문제가 생길까?

5

내 자신을 올바르게 가꾸고 지켜서 삶을 행복하게 만들어 가겠습니다

I will protect and take good care myself so my life can be filled with happiness.

벤저민 프랭클린(Benjamin Franklin, 1706~1790년)은 미국의 100달러 화폐에 새겨진 인물이다. 지독하게 가난한 청소년기를 보냈지만 혼자 힘으로 프랑스어, 이탈리아어, 스페인어 등 외국어를 익혔고, 성장해서는 성공한 사업가로, 피뢰침을 발명한 과학자로, 정치가, 외교관, 작가 등으로 바쁘게 활동했다.

벤저민의 성공 비결은 무엇이었을까? 사후에 발간된 『프랭클린 자서전』을 보면 그는 자기 관리에 매우 철저했음을 알 수 있다. 벤저민은 수첩에 자기가 지켜야 할 열세 가지의 덕목을 적어두고 그것들을 잘 지켰는지 지키지 못했는지 날마다 점검했다. 절제, 침묵, 질서, 결단, 절약, 근면, 성실, 정의, 중용, 청결, 평정, 순결, 겸손이 그가 지키고자 했던 덕목이다. 벤저민은 인생을 행복하게 살 수 있었던 것은 수첩 덕분이라고 말하기도 했다.

재능이나 노력으로 성공을 거두었어도 자기 관리를 못하면 나락으로 떨어지는 것은 한순간이다. 큰 성공이나 행운을 거머쥐고도 무절제한 생활로 끝이 아름답지 못한 사람은 주변에서 쉽게 찾아볼 수 있다. 행운이나 성공은 거머쥐는 것 못지않게 지키는 것이 중요하다.

행복을 오래 지키기 위해서는 자기 관리가 필요하다. 이 말은 일상생활을 즐기지도 말고 모든 일에 모범적으로만 살아야 한다는 뜻은 아니다. 순간적인 실수로 자기 자신을 바른 길 밖으로 내쳐서는 안 된다는 말이다. 나중에 잘못을 깨닫고 제자리로 돌아와도 과거의 실수는 오래도록 족쇄가 될 수 있다. 자기를 아낀다면 그만큼 자신을 가꾸고 관리해야 한다.

이야기
나눠 보기

* 여러분만의 자기 관리 비결이 있나?
* 자기 관리에 실패한 사람들의 예를 알고 있나? 그들에게 어떤 말을 해주고
  싶은가?

6

지금 이대로의 내 모습도 자랑스럽게 여기며
나의 꿈을 키우겠습니다

I will be proud of who I am, and I will follow my dream.

1944년, 미국 로스앤젤레스에 살던 열다섯 살의 존 고다드John Goddard는 자기가 이루고 싶은 꿈 목록을 종이에 적었다. '이런 걸 내가 젊었을 때 했더라면…….' 하고 후회하는 어른들의 말을 듣고 나서였다.

존 고다드는 스카우트 단원 되기 같은 당장 성취할 수 있는 꿈부터 달 여행과 같은 불가능해 보이는 꿈까지 모두 127개의 목록을 작성했다. 그 가운데는 나일강 탐험, 에베레스트 등반, 비행기 조종술 익히기, 북극과 남극 여행, 1분에 50자 타자하기, 브리태니커 백과사전 모두 읽기와 같은 것들도 있었다.

존 고다드는 자기의 꿈을 차근차근 실현시켜 나갔다. 계획을 세우고 경비를 마련하고 실행하며 평생을 살아왔다.

1972년 미국의 잡지 「라이프Life」에 '꿈을 성취한 미국인, 한 남자의 후회 없는 삶'이라는 기사가 실렸다. 미국 사람들은 앞 다퉈 잡지를 구입하며 꿈을 이룬 남자에게 관심을 보였다. 그 남자가 바로 존 고다드였다.

존 고다드의 꿈 목록은 그의 공식 홈페이지(http://www.johngoddard.info)에서 확인해 볼 수 있다. 현재 그는 소년 시절 작성한 127개의 목록 가운데 몇 개를 빼고는 모두 이루었다. 그의 꿈 목록은 점점 늘어나는 중이라고 한다.

우리에게는 저마다 어울리는 꿈, 이루고 싶은 꿈이 있다. 공부에 지쳐 힘들더라도 자기의 꿈과 목표를 만들고 키워가기를 바란다. 인생을 멋지게 사는 좋은 방법이다.

이야기
나눠 보기

* 여러분만의 꿈 목록을 적어 보자.

* 꿈을 이루기 위해서는 어떤 준비가 필요할지 말해 보자.

7

나 스스로에게 부끄럽지 않고 당당한 사람이 되겠습니다

I will become someone I can be proud of.

중국의 후한(後漢, 23~220년)이라는 나라에 '양진'이라는 관리가 있었다. 학식이 높고 성품이 대쪽 같은 양진에게는 '관서의 공자'라는 별명이 따라 붙었다. 관서는 그의 고향이었다.

양진이 동래 태수가 되어 임명지로 갈 때 창읍이라는 곳에 묵게 되었다. 창읍의 현령인 왕밀은 양진 덕에 관직에 오른 사람이었다. 왕밀은 양진을 찾아와 오래도록 이야기를 나누다가, 돌아갈 무렵이 되자 소매에서 황금 열 근을 꺼내 양진에게 내밀며 말했다.

"지난날의 은혜에 보답하기 위한 선물입니다. 받아주시지요."

양진은 단호하게 거절했다.

"나는 자네를 잘 알고 있는데 어찌 자네는 나를 모르는가? 자네가 직무에 충실하여 앞으로 더 영예로운 자리에 오르는 것이 나에 대한 보답일세."

그러나 왕밀은 황금을 거두어들이지 않았다.

"뇌물이 아니라 선물이니 옛정으로 받아주십시오. 지금 이 방에는 태수님과 저밖에 없으니 누구도 알지 못할 것입니다."

"아무도 모른다고? 하늘이 알고 땅이 알고 자네와 내가 알고 있지 않은가!"

양진의 호통에 왕밀은 부끄러워하며 돌아갔다.

자기 자신에게 떳떳했던 양진의 이야기는 『후한서』「양진열전」편에 기록되어 있다.

* 양진이 선물을 받지 않으려고 한 이유는 무엇이었을까? 선물을 받았다면 그 뒤에는 어떤 일들이 일어났을까?
* 자기 자신에게 부끄러운 행동을 한 적이 있는가?

8

나를 남과 비교하며 열등감에 빠지거나
우월감을 갖지 않겠습니다

I will not compare myself to the others and I will not let myself fall
into feelings of superiority or insecurity.

『부활』,『전쟁과 평화』,『안나 카레니나』등의 명작을 남긴 톨스토이(Lev Nikolayevich Tolstoy, 1828~1910년)는 러시아 출신의 세계적인 문학가이다.

톨스토이는 『유년시절』이라는 자전적인 소설을 남겼는데, 이 책에는 어린 시절부터 청소년 시기를 거쳐 청년이 되기까지의 이야기가 세세하게 담겨 있다. 이 책을 보면 톨스토이는 청소년 시절 내내 형에게 열등감을 가졌음을 알 수 있다. 부모님이 일찍 돌아가셨다고는 하지만 톨스토이는 재산과 지위가 보장된 유복한 가정 출신이었다. 남들이 보기엔 부러울 것 없어 보이는 톨스토이에게 열등감이 있었다는 사실은 의외이다.

『변신』,『시골의사』등을 쓴 카프카(Franz Kafka, 1883~1924년)도 심각한 열등감에 시달렸다. 카프카의 열등감은 아버지가 이유였다. 유태인 상인으로 몸도 크고 독선적이었던 아버지는 카프카가 글쓰기에 몰두하는 것을 이해하지 못했다.

2012년, 베네치아 국제영화제에서 최고상인 황금사자상을 받은 영화감독 김기덕도 불우한 청소년기에 심각한 열등감에 시달렸음을 고백한다. 김기덕 스스로 '열등감은 나의 힘'이라고 밝힐 정도이다.

정도의 차이는 있겠지만 사람은 모두 열등감을 갖고 있다. 열등감의 뿌리는 아버지, 형제, 사회, 친구 등으로 매우 다양하다. 그러나 비교하기 시작하면 한없이 커지는 것이 열등감이다. 열등감을 이겨내는 방법을 배워야 한다. 김기덕의 말처럼 열등감은 극복하려는 의지를 가지면 오히려 큰 힘이 될 수 있다.

이야기
나눠 보기

* 여러분은 지금 현재 어떤 열등감을 갖고 있나?
* 열등감을 이겨내는 여러분만의 방법은 무엇인가?

9
내 안에 숨어 있는 무한한 가능성을 믿고 키우며 성장하겠습니다

I will trust my hidden, unlimited potential and continue to grow.

1950년대까지만 해도 세계 육상계에는 '1마일 4분벽'이라는 것이 있었다. (1마일은 미터로 환산하면 1,609미터) 그 시대 사회적 통념으로 1마일을 4분 안에 주파하는 것은 절대 불가능한 일이었다. 인간의 능력과 신체 구조로 볼 때 4분 안에 달렸다가는 폐와 심장이 파열하고 말 것이라는 믿음이 널리 퍼져 있었다.

그러나 '절대불가'라는 장벽에 맞선 사람이 있었다. 영국 옥스퍼드 대학의 의대생이자 아마추어 육상선수인 로저 베니스터(Roger Bannister, 1929년~)였다.

로저 베니스터는 1952년 헬싱키 올림픽 1,500미터 경기에 출전해 메달을 노렸다. 그러나 4위로 들어오는 바람에 메달 획득은 실패로 돌아갔다. 실의에 빠진 베니스터는 한동안 육상을 그만둘까 심각하게 고민했다. 그러나 포기 대신 새로운 목표를 정했다. 1마일 4분벽을 깨뜨리는 일이었다. 1953년, 한 육상경기에서 4분 3초 6을 기록한 로저 베니스터는 4분벽을 깰 수 있을 것이란 믿음을 가졌다. 베니스터는 과학적인 훈련 방법을 고안해서 지구력과 스피드를 늘리며 꾸준히 연습했다. 그리고 1954년 5월 4일, 영국에서 열린 아마추어육상연합 대회 1마일 경기에서 우승을 차지했다. 당시 경기장의 아나운서는 이렇게 말했다.

"로저 베니스터 선수가 새로운 기록을 세웠습니다. 아마 영국, 유럽, 세계 신기록이 될 것 같습니다. 기록은 3……."

아나운서는 말을 잇지 못했다. 3분 59초 4, 드디어 4분벽이 깨진 순간이었다.

베니스터가 새로운 기록을 세운 이후 다른 선수들도 속속 4분벽을 깼다. 절대 안될 것이다는 통념이, 자신의 가능성을 믿고 훈련방법을 고안해 낸 로저 베니스터

덕에 깨끗하게 무너진 것이다.

　사람들은 어려운 일에 직면했을 때 '이건 절대 안 돼, 나는 절대 할 수 없는 일이야'라며 지레 포기하고는 한다. 물론 실현이 힘든 일을 빨리 포기하는 것도 좋은 방법이다. 그러나 충분히 할 수 있는 일도 스스로 쌓은 마음의 벽 때문에 포기하지는 않았는지 생각해 볼 일이다.

* 베니스터 이후에 많은 사람들이 4분벽을 깰 수 있었던 원인은 무엇일까?
* 여러분이 지금 당면한 일들 중에 불가능하다고 생각되는 일은 무엇인가? 그렇게 생각하는 이유는?

10

나는 자신감과 끈기를 갖고 모든 일을 열심히 하겠습니다

I will have confidence and perseverance in everything I do.

프랑스의 작가 장 지오노(Jean Gionom, 1895~1970년)는 『나무를 심은 사람』이라는 소설을 썼다. 캐나다의 애니메이션 감독인 프레데릭 벡(Frederic Back, 1924년~)이 애니메이션으로 만들어 잘 알려졌다.

『나무를 심은 사람』은 황폐한 마을에 숲을 만든 '엘제아르 부피에'에 관한 이야기이다. 한 젊은이가 알프스를 여행하다가 프로방스 인근의 작은 마을에 도착했다. 자라는 것이라고는 야생 라벤더뿐이고 샘은 모두 말라버린 황무지였다. 지붕이 날아간 집들 사이로 부는 바람은 으르렁대는 것 같았다. 마을 사람들은 황폐한 자연을 닮아 헐뜯고 싸우고 정신질환을 앓다가 마침내는 모두 떠나버린 뒤였다.

젊은이는 며칠을 걷다가 혼자 사는 양치기 노인을 만났다. 노인의 집은 깨끗했고 옷차림은 단정했다. 노인은 젊은이에게 음식과 잠자리를 내주고는 밤이 되자 홀로 도토리를 골라냈다. 다음 날 아침, 노인은 정성껏 고른 도토리를 물에 불려 버려진 땅에 심기 시작했다.

노인은 몇 해 전부터 산에 10만 개의 도토리를 심어왔다고 했다. 그리고 그 가운데 2만 개가 싹을 틔웠고, 그중에 절반은 죽거나 짐승이 갉아먹을 것이라고 했다. 10만 개의 도토리 가운데 1만 개만 참나무가 된다는 말이었다.

10년쯤 지나 마을을 다시 찾았을 때 젊은이는 자기의 키보다 크게 자란 참나무를 만날 수 있었다. 물이라고는 찾아볼 수 없던 곳에 시냇물이 흘렀고 갈대와 버드나무가 자랐다. 초원이 생기고 풀과 꽃들이 자랐다. 사람들은 다시 찾아와 집을 고치고 정원을 만들어 꽃과 채소를 심었다.

또 다시 오랜 시간이 지나 젊은이가 마을을 찾았을 때 그곳은 완전히 달라져 있었다. 수많은 사람들이 찾아와 행복한 웃음을 웃고 있었다. 한 노인의 헌신적인 끈기가 만들어낸 감동적인 변화였다.

미국의 30대 대통령을 지낸 존 캘빈 쿨리지(John Calvin Coolidge, 1872~1933년)는 "이 세상에 끈기를 대신할 수 있는 건 없다."고 하였다. 재능이 많은 사람, 천재, 교육을 많이 받은 사람 가운데는 실패자가 많지만 끈기만 있으면 못 할게 없다는 것이다.

* 양치기 노인의 행동을 여러분은 어떻게 평가하는가?
* 여러분이 해야 할 일들 중에 오랜 시간의 노력이 필요한 일에는 어떤 것들이 있는가?

11

나는 어떤 일도 해 낼 수 있는 능력과 의지를 가졌다는 긍정적인 생각을 하겠습니다

I will think positively and know that I have the ability to do anything that I put my mind to.

피그말리온은 그리스 신화에 등장하는 조각가이다. 키프로스 섬에 살았던 피그말리온은 마을 여자들은 거들떠도 안 보고 자기가 만든 아름답고 완벽한 조각상과 지냈다. 조각상에게 사랑의 감정을 느낀 피그말리온은 옷도 갈아입히고 남몰래 안아보기도 하며 '진짜 사람이라면 얼마나 좋을까' 하고 탄식했다.

아프로디테 축제가 열릴 때 피그말리온은 조각상과 같은 여인을 만나게 해 달라고 여신에게 빌었다. 사랑과 미의 여신 아프로디테는 피그말리온의 정성에 감동해 소원을 들어주기로 했다. 집으로 돌아온 피그말리온이 사랑하는 조각상을 쓰다듬었을 때 온기가 느껴지며 살아있는 여인이 되었다. 둘은 결혼하여 아들을 낳고 행복하게 살았다.

심리학에서 '피그말리온 효과'는 어떤 대상에 대한 믿음과 기대가 클 때 그 일이 실제로 일어나는 것을 가리킨다. 긍정적인 생각이 놀라운 결과를 가져올 때도 이 말을 쓴다.

미국의 심리학자인 마틴 셀리그만(Martin Seligman, 1942년~)은 긍정심리학이라는 분야를 개척했다. 셀리그만은 행복도 학습을 통해서 얻을 수 있다고 말한다.

어떤 일을 시작하기도 전에 '어려워, 못할 것 같아'라는 생각을 갖게 되면 문제는 점점 커지고 어려워진다. 사실은 해결할 의지가 없어서 크게 느껴지는 것이다.

물론 대책 없이 낙천적인 것도 위기가 닥쳤을 때는 문제가 될 수 있다. 그러나 어떤 일을 시작도 하기 전에 "이건 안 될 것 같아, 나는 한계가 있어"와 같은 말로 스스로의 가능성을 꺾고 있지는 않은지 생각해 보아야 할 일이다.

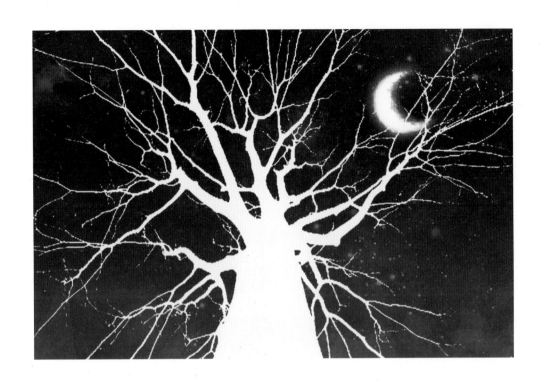

* 간절히 바라면 이루어진다고 믿는 마음은 아무 문제가 없을까?
* 긍정적인 마음으로 어려운 문제를 해결한 예가 있으면 말해 보자.

12
내가 가진 청정한 성품을 잘 지키겠습니다

I will protect the pure nature that I was originally born with.

불교에서 '경經'이란 부처님의 말씀과 가르침을 담은 책을 말한다. 그러나『육조 법보단경』은 부처님이 아닌 스님의 말씀을 담은 책이다. 말씀의 주인공은 당나라 시대의 스님인 혜능선사(638~713년)이다. 혜능선사는 달마대사가 창시한 '선종禪宗'의 제6대조사이다. 육조 혜능이라고 부르는 것도 이 때문이다.

선종은 참선으로 자기를 성찰해 깨달음을 얻고 이를 통해 부처님의 가르침을 전하는 종파이다. 달마대사가 남인도에서 520년경 중국에 건너와 소림사 인근의 굴에서 9년 동안 벽만 보고 수도를 한 뒤에 깨달음을 얻고 창시했다. 달마대사가 제자 스님들의 건강과 정신수양을 위해 가르친 소림권법이 중국의 대표 무술인 쿵푸의 기원이라고 한다.

달마대사가 선을 창시했다면 6조 혜능선사는 선을 완성해 활짝 꽃피운 분이다. 가난한 집에서 자라 글자도 배우지 못했지만 깨달음이 커서 선종의 법통을 이어받았고 조계산 보림사에 머물며 설법을 베풀었다. 이 설법을 담은 책이 바로『육조 법보단경』이다. 줄여서『법보단경』혹은『육조단경』이라 부르기도 한다.

『육조단경』은 우리나라 선종에도 큰 영향을 주었다. 고려시대의 국사로 우리나라 조계종의 기틀을 마련한 보조국사 지눌(1158~1210년)이『육조단경』을 스승으로 삼아 정진해서 깨달음을 얻었기 때문이다.

이처럼 선불교 역사에 큰 영향을 끼친 혜능선사는 "모든 사람에게 불성이 있으며 사람들의 성품은 본래 청정하다."고 말한다.

부처님께서도 "한 마음이 청정하면 곧 온 세상이 청정하다."고 말씀하셨다. 자신

의 아름다운 마음을 잃지 않아야 한다. 청정한 마음에서 피어난 사람의 향기는 나를 행복하게 만들고 세상을 살 만한 곳으로 만들 것이다.

* 여러분의 마음이 청정하다고 느낀 때는 언제인가?
* 사람들은 어떤 이유로 청정한 마음을 지키지 못할까?

아름다운 시절, 청소년기

질풍노도의 시기, 심리적 유아기, 주변인, 경계인, 문명을 배우는 야만인…….
청소년에 대한 연구가 시작된 1900년대 이후로 청소년과 청소년 시기를 꾸며
주는 말은 참 많다. 이 말들은 청소년을 어른과 어린이 사이에 낀 세대로 정의
하고 있다.

그러나 최근 들어 청소년을 인생의 문턱에 당당하게 들어서고 있는 사람으로
이해하자는 움직임이 일고 있다. 청소년, 어른과 어린이 사이에 낀 중간인이
아니라 당당하고 아름다운 독립 인격체이다.

13
나는 청소년기를 지혜롭게 보내겠습니다

I will spend my adolescent years wisely.

프랑스의 사상가이며 작가인 장자크 루소(Jean-Jacques Rousseau, 1712~1778년)는 교육철학을 담은 책『에밀』을 통해 "모든 인간은 두 번 태어난다. 한 번은 생존하기 위해, 한 번은 생활하기 위해 태어난다."고 말했다.

어린이들은 외모나 체격에서 남녀구별이 뚜렷하지 않지만 이 시기를 지나면 신체 구분이 뚜렷해지고 감정이 소용돌이치는 등의 변화가 찾아온다. 성적인 욕구가 생겨나고, 기질의 변화가 생기며, 가끔은 격분하기도 한다. 누군가가 자기를 가르치는 것을 마음에 들어 하지 않고 감독 받기를 원하지 않는다. 외모에도 뚜렷한 변화가 생긴다. 솜털 같았던 털은 검고 억세어지며, 목소리는 변하고 매사에 예민하게 반응하다. 그러나 루소는 이때부터 인간의 진정한 삶이 시작된다고 말한다.

유아기든 아동기든 청소년기든 인생에서 어느 한 때, 소중하지 않은 시기는 없다. 청소년기는 살아가는 데 필요한 가치관을 만들어 가는 때이다. 자신의 인생지도를 완성하기 위해 떠나는 본격적인 출발선인 셈이다.

여행길에 오를 때는 준비가 필요하다. 하물며 자기의 인생을 완성하기 위한 길목에서 아무런 준비도 없이 될 대로 되라는 마음을 가져서는 안 된다. 루소는 청소년 시기에 찾아오는 변화무쌍한 감정 변화를 두고 이렇게 말한다.

"바람 문이 열렸다. 순간이라도 키를 놓지 마라. 놓는다면 만사가 다 틀렸다."

중심을 잡고 거친 바람 속을 잘 헤쳐 나가기 바란다.

이야기
나뉘 보기

* 여러분은 사춘기를 겪으며 어떤 심리적인 어려움을 겪었는가? (혹은 겪고
  있는가?)
* 사춘기의 어려움을 어떻게 극복했는지 이야기해 보자.

14
때때로 거칠고 불안한 감정이 생기더라도 마음을 잘 다스려서 나의 참모습을 되찾겠습니다

I will always return to my true-nature even when I feel frustrated or edgy.

청소년기의 변화무쌍한 감정 변화를 일컫는 말인 '질풍노도疾風怒濤'는 빠르게 부는 바람과 무섭게 소용돌이치는 물결을 뜻한다. 심리적으로 불안정하고 휩쓸리기 쉬운 마음 상태를 가리킨다.

이 말은 미국의 심리학자인 스탠리 홀(G. Stanley hall, 1844~1924년)이 처음 사용했다. 스탠리 홀은 1904년에 『청소년기(adolescence)』라는 책을 통해 청소년기는 야만인이 문명인이 되기 위해서 문화적 충격을 겪는 시기라고 주장했다.

거의 모든 사람이 청소년기에 감정적으로 행동하고, 반항하고, 호기심으로 일탈 행위를 꿈꾼다. 세상은 불만스럽고, 마음은 불안하다. 뇌과학자들은 청소년기에는 뇌하수체의 영향으로 신경전달 물질이 불안정하게 분비되기 때문에 모든 게 불안정하다고 말한다.

사춘기에 겪는 마음의 변화는 누구나 겪는 일이며 지극히 당연한 일이다. 그러나 동요하기 쉽고 억제하기 힘든 마음에도 든든한 중심은 잡고 있어야 한다. 옛 성인의 말씀처럼 마음이라는 성을 든든하게 만들어 어떤 것도 침범하지 못하게 해야 한다.

＊자기 생각과 달리 감정 변화가 변화무쌍하게 일어난 예를 이야기해 보자.

＊감정 변화가 급격하게 일어날 때 해소하는 나만의 방법이 있는가?

15

활달하거나 소심한 성격 모두 사회를 조화시키는 데 도움이 됨을 인정하겠습니다

I understand that society needs both extroverted and introverted people in order to achieve harmony.

"김선영은 성격이 참 좋아. 아마 정글에서도 살아남을 걸."
"정기태, 그 녀석은 성격이 나빠. 남자가 소심해 갖고."

우리는 이와 같은 말을 아무렇지 않게 사용한다. 과연 좋은 성격, 나쁜 성격은 나눌 수 있는 것일까?

예문에서와 같이 활달하고 적극적인 성격은 좋은 성격이라고 평가받는다. 반면 소극적이고 수줍은 성격은 좋지 않은 것으로 단정 짓는다. 그러나 전문가들은 성격은 도덕적으로 좋거나 나쁜 것으로 평가할 수 없다고 말한다. 수줍고 소극적인 사람도 자기 성격에 맞는 직업을 만나면 얼마든지 실력발휘를 할 수 있고, 적극적이고 활달한 성격도 섬세하고 정밀한 작업을 요구하는 일은 잘 못해낸다는 것이다.

성격은 인격과는 다르다. 인격이 훌륭한 사람, 인격이 미성숙한 사람은 있지만 성격은 누구나 다르게 마련이므로 그것을 좋다 혹은 나쁘다로 분류할 수는 없다. 자기 성격이 소극적이라고 기죽을 필요는 없다. 마찬가지로 친구의 성격이 나와 조금 다르다면 이해하면 될 일이다.

이야기
나눠 보기

* 여러분의 성격은 어떤 편인가? 그 성격의 장점은 무엇이고 단점은 무엇인가?
* 성격을 바꾸어 보고 싶은 때가 있었는가? 그렇게 생각한 이유는 무엇인가?

16

나를 힘들게 하는 상황이 오면
마음을 열고 주위에 도움을 청하겠습니다

If I face any challenges, I will be open and ask for other's help.

야간투시경은 캄캄한 밤에 목표물을 잘 볼 수 있게 해주는 장비이다. 별빛이나 달빛처럼 아주 미세한 빛도 수천, 수만 배로 증폭시켜 주기 때문에 캄캄한 밤에도 목표물을 식별하는 게 가능하다.

우리가 어려울 때 누군가에게 받는 작은 도움은 야간투시경 같은 역할을 한다. 작은 도움의 말이라도 절박한 사람에게는 수천 배로 증폭되어 큰 도움이 된다.

어려운 일이 있으면 마음속으로 끙끙 앓지 말고 야간투시경을 찾아나서야 한다. 어두운 곳에서도 길을 찾아줄 수 있는 조언자 말이다.

나희덕 시인이 「산속에서」라는 시에서 밝혔듯이, 먼 곳의 불빛은 나그네를 쉬게 하는 것이 아니라 계속 걸어갈 수 있게 해준다.

* 나희덕 시인의 「산속에서」를 찾아 읽어 보고, 그 느낌을 말해 보자.
* 여러분은 어려울 때 도움을 청할 사람이 있는가? 또는 그런 사람이나 단체에 대해 알고 있는가?

17

내가 실수를 하더라도 바로 잡을 줄 아는 용기를 가지며 같은 실수를 되풀이하지 않겠습니다

I will have the courage to correct my mistakes and I will try not to repeat the same mistakes.

미국의 남북전쟁(1861~1865년까지 흑인노예 해방을 둘러싸고 미국 남부의 11개 주와 북부의 연방정부 사이에 벌어진 내전) 때 수도방위를 담당하던 스콧 대령이 링컨 대통령을 찾아왔다.

스콧 대령은 사고로 죽은 아내의 장례식에 참석하려고 상관에게 휴가를 신청했지만 전쟁이 워낙 급박하게 돌아가는 바람에 받아들여지지 않았다. 스콧 대령은 마지막으로 대통령을 찾아가서 간곡하게 부탁하려고 했던 것이었다.

링컨은 불같이 화를 냈다. 군에는 엄연히 위계질서라는 것이 있는데 상관이 허락하지 않은 일로 대통령을 찾아왔으니 그럴 만도 했다. 링컨은 휴가를 가고 싶으면 전쟁이 끝날 때까지 기다리라고 호통을 쳤다. 스콧 대령은 상심이 컸지만 물러날 수밖에 없었다.

다음 날 새벽, 누군가가 스콧 대령의 막사 문을 두드렸다. 대령이 나가보니 링컨이 서 있었다.

"어제 저녁에 나는 사람이 아니었네. 심신이 너무 지쳐 있었어. 아내를 잃은 사람한테 그렇게 하면 안 되는데…… 용서해 주게나."

링컨은 진심으로 사과했다. 자기의 실수를 깨닫고는 날이 밝을 때까지 기다릴 수 없었노라고 했다. 그리고 스콧이 부인의 장례식에 참석하는 데 불편함이 없도록 조처해 주었다. 사람들은 링컨의 진심어린 사과를 '위대한 사과(Great Apology)'라고 부른다.

실수를 하지 않고 사는 사람은 없다. 그러나 자기의 실수를 인정하고 사과를 하

는 사람은 어쩐 일인지 많지 않다. 잘못했을 때 구구절절하게 변명하는 것보다 확실하게 인정하고 사과하는 것이 아름답고 현명한 처사이다.

＊ 여러분은 자존심 때문에 실수를 인정하지 않은 일이 있는가?

＊ 실수를 했을 때 어떻게 하는 것이 현명한 처사일까?

18
내 몸과 마음을 모두 건강하게 가꾸겠습니다

I will take care of my mind and body.

교육과학기술부가 2010년도에 발표한 「학교건강검사 표본조사 결과」에 따르면 우리나라 청소년의 37.4%는 아침을 거르고, 73.1%는 규칙적인 운동을 하지 않는 것으로 나타났다. 초·중·고등학생의 비만율은 14.3%로 전년도에 비해 1% 이상 증가했으며 고도비만도 지속적으로 증가 추세라고 한다.

몸매에 대한 관심이 늘면서 비정상적이고 과도한 다이어트를 시도하는 것도 문제로 지적됐다. 의사의 처방 없이 다이어트 약을 복용하거나 먹고 토하는 극단적인 방법이 동원되기도 한다.

청소년의 건강이 점차 악화되는 것은 운동부족이 큰 원인이다. 공부해야 하는 시간이 늘면서 땀 흘려 운동을 할 기회도 없거니와 시간이 나도 노래방이나 PC방 같은 곳을 찾는 경우가 많다. 혼자 있을 때는 스마트폰을 친구 삼아 시간을 보낸다. 건강에 관심이 있다면 밖으로 나가 몸을 움직여야 한다.

영국의 철학자인 존 로크(John Locke, 1632~1704년)는 『교육론』이라는 저술을 통해 자녀에게 가장 먼저 신경써 주어야 할 일은 건강이라고 주장했다. 체력이 바탕이 되어야 한다는 것이다. 건강은 아무리 강조해도 지나치지 않다. 몸과 정신이 모두 건강해야 학습 능률도 오르고 매사 의욕적으로 생활할 수 있음을 잊지 말자.

* 여러분은 몸과 마음의 건강을 가꾸기 위해서 무엇을 하고 있나?
* 몸과 마음의 건강을 해치는 행동에는 어떤 것이 있는지 자신의 경우를 예로 들어 이야기해 보자.

19
내 몸의 변화는 성장과정에 나타나는 당연한 것이므로 자연스럽게 받아들이겠습니다

I will accept the changes in my body as a normal thing.

청소년 시기에는 심리적인 변화와 함께 신체 변화가 크게 일어난다. 키나 근육 등이 몰라보게 성장하는데 이를 일컬어 성장폭발 현상이라고 부른다. 사람은 갓 태어난 시기와 청소년기, 두 번에 걸쳐 성장폭발을 경험한다.

2차 성징도 청소년기의 큰 특징이다. 성호르몬의 분비가 급격하게 일어나면서 남자와 여자의 신체적인 특징은 보다 또렷해진다. 그러나 이와 같은 변화는 개인차가 있다. 누구에게는 이르게 나타나고 누구에게는 늦게 나타난다. 내 몸의 변화가 갑작스럽다고 당황할 일도 아니고 변화가 남보다 조금 늦다고 해서 불안해할 필요도 없다. 신체변화를 두고 놀림거리로 삼아서도 안 된다. 서로의 변화를 자연스럽게 받아들이고 이해해 주는 것이 아름다운 배려이다.

* 몸의 변화를 알아챘을 때 어떤 기분이 들었나?
* 타인의 몸과 내 몸을 비교해 본 적이 있나?

20

남자와 여자의 생물학적 차이가 우열의 기준이 아님을 알겠습니다

I am aware that the biological differences between men and women do not make one better than the other.

미국에서 카운슬러로 활동해 온 존 그레이John Gray는 1922년, 『화성에서 온 남자 금성에서 온 여자』라는 책을 출간했다. 남자와 여자는 서로 다른 행성에서 태어나 자란 것처럼 감정이나 생각이 극명하게 다르다는 점을 밝힌 책이다.

존 그레이가 밝힌 것처럼 여자와 남자, 남자와 여자 사이에는 생물학적인 차이가 존재한다. 신체조건이 다르고 사고방식이나 생활방식이 다르다. 그러나 이것을 능력의 차이로 오해해서는 안 된다.

역사학자들은 신석기 시대 이전은 모계사회여서 여성이 남성보다 우월한 존재로 인정받았다고 말한다. 그러나 이후에 농경사회가 되면서 모계 중심 문화는 부계 중심 문화로 바뀌었고 남성이 우월적인 지위를 차지했다. 그리고 오래도록 남성은 우월적인 지위를 누리고 살았다.

우리나라도 가부장적인 문화 속에서 남자와 여자의 차별이 극심했다. 그 관습은 아직까지 완전히 뿌리 뽑히지 않았다. 반면 최근에는 남성들이 역차별을 당한다는 말이 나오기도 한다.

"넌 여자애가 웃는 소리가 왜 그래?"

"남자가 왜 그렇게 속이 좁으냐?"

"여자가 너무 설쳐."

"무슨 남자가 운동도 못 해?"

일상생활에서 무의식적으로 이런 차별적인 말과 행동을 하는 것은 아닌지 되짚어 볼 일이다.

* 생활 속에서 남자라서 혹은 여자라서 차별을 겪은 일이 있나?
* 차별을 없애기 위한 방법들은 무엇이 있을까?

21
나는 한순간이라도 성을 폭력과 희롱의 수단으로 삼지 않겠습니다

I will never treat sex as a tool for violence or harassment.

최근 해외토픽에는 우루과이 정부가 경찰 내 성희롱을 막기 위해 강력한 조치방안을 내놓았다는 기사가 올라왔다. 이 방안에 따르면 앞으로 남자경찰관이 여자경찰관의 뒤에 대고 휘파람만 불어도 성희롱의 책임을 묻는다는 것이었다. 야한 농담은 말할 것도 없고 이상한 눈길로 쳐다보는 것까지 성추행으로 규정해 책임을 묻는다고 한다.

외국에서는 성 관련 범죄는 용서받지 못할 범죄라는 인식이 강하다. 특히 그 대상이 아동이나 청소년일 경우 처벌은 가중된다. 우리나라에서도 최근 극악한 성범죄가 날로 늘어가고 있으며, 그 처벌 역시 강화되고 있다.

성 범죄는 피해자에게 심각한 후유증을 남기기 때문에 죄질이 매우 나쁘다. 피해자들은 신체적, 심리적인 충격으로 우울증에 시달리거나 심하면 정신분열에까지 이르는 사례가 많다.

간혹 성추행의 사례에서 해를 입힌 사람은 사소한 농담을 피해자가 심각하게 받아들인다며 억울해 하는 일이 있다. 아무리 사소한 농담이라도 불쾌감을 느끼는 정도는 개인에 따라 다르기 때문에 성적인 농담이나 장난은 아예 하지 않는 것이 좋다. 사람을 인격으로 보지 않고 성적인 놀림거리로 보는 것은 인간으로서의 도리가 아니다.

이야기 나눠 보기

＊ 여러분이 생각하는 성희롱의 범주는 무엇인가?

＊ 우리나라는 성범죄의 피해자도 잘못이 있다는 사회적인 시각이 팽배하다.
  이 같은 사회적 시선에 대해서 비판해 보자.

22

성은 생명을 창조하는 고귀한 선물임을 명심하겠습니다

I will remember that sex is a precious gift to create new life.

아프로디테, 프레이야, 락슈미, 이 셋의 공통점은?

모두 미의 여신이라는 공통점이 있다. 아프로디테는 그리스 신화, 프레이야는 북유럽 신화, 락슈미는 인도 신화 속의 주인공으로 모두 아름다움을 상징하는 여신이다. 또 하나의 공통점은 셋 다 아이를 많이 낳는 다산과 풍요를 상징한다는 점이다.

다산과 풍요가 무슨 상관이 있을까 싶겠지만, 예전에는 아이를 낳는 일이 곧 풍요를 보장받는 길이었다. 가족이 많다는 것은 일손이 늘어나고 대외적으로는 집단의 힘이 커지는 것을 의미하기 때문이다. 그래서 고대에는 아이를 낳기 위한 성적인 행동들이 신성하게 취급되었다.

현대에는 성에 대해 과학적으로 알게 되고 인간의 감정이 중요하게 생각되면서 성에 대한 인식이 개방적으로 바뀌었다. 하지만 성이 사랑하는 사람 사이의 서로를 아끼는 소중한 관계맺음이라는 점은 마음에 새겨야 한다. 그리고 변치 않는 사실은 성은 생명을 창조하는 위대한 수단이라는 점이다. 사랑과 생명 창조에는 의무와 책임감이 따라야 한다는 것을 언제나 잊지 말아야 한다.

* 인간의 성을 아름답다고 말하는 이유는 무엇일까?
* 성이 가지는 의미와 책임에 대해 이야기해 보자.

23

내 삶에 한 번뿐인 청소년기를 알차게 보내겠습니다

I will make the best of my teenage years.

『시간을 달리는 소녀』는 1967년, 일본 작가 쓰쓰이 야스타카(1934년~)가 소설로 발표한 뒤에 애니메이션, 영화 등 다양한 장르로 재탄생했다.

애니메이션 속 마코토는 평범한 고등학생이다. 늘 지각생에, 잘하는 것은 별로 없는 학생으로, 문과로 가야 할지 이과로 가야 할지도 아직 정하지 못했다. 마코토는 어느 날 과학실에 갔다가 작은 열매 같은 것을 누르고 타임리프 능력을 얻는다. 타임리프는 시간과 장소를 도약해서 현재에서 과거로 갈 수 있는 일종의 시간여행이다.

마코토가 타임리프 능력을 얻게 된 과학실의 칠판에는 이런 글이 써 있었다.

"Time waits for no one."(시간은 누구도 기다려 주지 않는다)

이후 여러 장면에서 이 말이 등장한다.

"시간은 누구도 기다려 주지 않는다."

여러 가지 사건 끝에 마코토는 타임리프 능력을 잃지만 마침내 시간의 의미를 깨닫는다. 그리고 무의미하게 일상을 보내던 마코토에게는 미래를 위해 꼭 하고 싶은 일이 생겼다.

마코토는 타임리프를 할 때 전력 질주한 다음 껑충 뛰어오른다. 작가는 이 같은 질주로 현재의 시간을 채워나가라는 메시지를 전하고 싶었던 것은 아니었을까.

＊『시간을 달리는 소녀』를 읽거나 감상했다면 소감을 말해 보자.
＊'시간은 누구도 기다려주지 않는다'는 대사를 통해 작가가 하고 싶었던 말
은 무엇일까?

24

내 삶을 술이나 담배 같은 해로운 습관으로
물들이지 않겠습니다

I will try not to get caught up in bad habits like smoking or drinking.

조선 중기의 문신인 장유(1587~1638년)는 천문·지리에 능통했던 사람으로 『계곡만필』이라는 책을 남겼다. 여기에는 담배의 이로운 점과 해로운 점이 적혀 있는데, 물론 해로운 점을 더 많이 적었다. 담배는 눈이 어두워지는 것을 재촉하고, 옷과 책을 얼룩지게 하고, 화재의 위험이 있으며, 용모를 단정케 하는 데도 방해가 된다는 등의 열 가지 해로움을 나열했다. 그러면서도 장유는 담배를 즐겼던 모양이다. 김상용(1561년~1637년)이란 벼슬아치가 임금에게 이렇게 일러바쳤다.

"전하께서는 장유가 취할 만한 구석이 있다고 하셨습니다. 그러나 신이 그에게 담배를 피우지 말라고 했는데도 끊지 못하니, 이는 그가 취할 만하지 못하다는 증거입니다."

장유가 담배를 끊지 못하니 쓸 만한 인재가 아니라는 주장이다. 재미있는 사실은 김상용과 장유는 남이 아니었다는 점이다. 장유는 김상용의 사위였다. 사위가 담배를 피우는 게 못마땅해서 임금에게 벼슬을 주지 말라고 한 것이었다.

일종의 백과사전 격인 『성호사설』을 지은 실학자 이익(1681~1763년)도 담배에 부정적이었다. 세상에 중요한 일이 얼마나 많은데 담배 구하는 데 시간과 돈을 쓰냐며, 그 시간에 학문을 연구한다면 현인이 되든지, 문장가가 되든지, 부자가 될 수 있다고 말했다.

이처럼 담배가 들어온 조선시대 당시에도 유해성에 대한 여론이 만만치 않았다.

담배와 술이 건강에 나쁘다는 것은 누구나 알고 있다. 개인의 건강에도 나쁜 영향을 주지만 그로 인해 사회적인 비용도 증가한다. 특히 한창 성장 중인 청소년에

게는 더욱 해롭다. 성장에 해가 될 뿐 아니라 뇌 발달에도 나쁜 영향을 준다. 어릴 때의 경험은 중독을 고착시켜서 정작 고치고 싶을 때 어려움을 겪기도 한다.

기성세대는 스트레스가 쌓여도 제대로 해결하는 방법을 몰랐다. 그래서 술, 담배로 스트레스를 해소한다는 핑계로 삼기도 한다. 그러나 요즘은 스트레스를 해소하고 여가 시간을 즐길 수 있는 방법이 아주 많다. 무익한 술, 담배 대신 건강한 취미로 즐거운 습관을 들이기 바란다.

* 술이나 담배의 유익한 점이 있을까?
* 술, 담배가 개인이나 사회에 끼치는 해악은 어떤 것들이 있나?
* 술이나 담배 외에 해로운 습관이나 기호품에는 어떤 것들이 있을까?

세상에서 가장 멋진 공동체, 가족

가정은 우리가 태어나 처음으로 소속되는 사회이다. 가장 기본적인 인간관계를 익히는 곳이며, 학교와 같은 사회로 나가는 데 필요한 것을 학습하는 곳이다. 그래서 누군가는 가정을 가장 작은 학교라 말하기도 한다.

가정은 가족 구성원 모두가 함께 가꾸어야 한다. 서로 이해하고 도울 때 믿음과 사랑이 자라는 행복한 가정을 만들 수 있다.

25
한부모 가정이나 다문화 가정처럼 다양한 가족 형태가 존재함을 인정하고 편견을 갖지 않겠습니다

Families come in many different forms such as single parent homes and multi-cultural families. Therefore, I will not hold any prejudice against them.

독일은 유럽 국가 가운데서도 출산율이 낮은 편이다. 출산율이 낮으니 전체 인구에서 유아와 소아가 차지하는 비율도 낮다. 그런데도 크리스마스나 부활절만 되면 장난감 판매점이 크게 붐비고 완구업계의 매출은 해마다 늘고 있다. 이유는 패치워크 가족 때문이다. 패치워크란 헝겊 조각을 이어 붙여서 아름답게 만든 수공예품을 가리킨다. 패치워크 가족은 재혼 등으로 인해 성이 다른 가족들이 모여 사는 가족 형태이다.

패치워크 가족의 자녀들에게는 새어머니나 새아버지의 가족이 새로운 친척이 된다. 장난감을 구매하는 주요 고객은 새로운 친척들, 그 가운데서도 새로 생긴 할아버지, 할머니들이다. 가족이 된 어린이를 위해 장난감 구매에 돈을 아끼지 않는다는 것이다.

패치워크 가족에서 보듯이 현대의 가족 형태는 새롭고도 다양해지고 있다. 우리나라도 마찬가지다. 전통적인 대가족이 무너지고 부모, 자녀 중심의 핵가족이 보편화되었다고 하더니 이제는 핵가족도 무너지는 추세다. 독신 가정, 한부모 가정, 결혼을 하지 않고 자녀를 키우는 비혼 가정, 재혼 가정, 국제결혼으로 생긴 다문화 가정 등 새로운 가족 형태가 나타나고 있다. 입양도 점점 일반화되어 가고 있는 추세다.

새로운 가족 형태는 시대적인 흐름이 되었다. 우리 집과 다르다고 해서 다른 가족 형태를 편견의 눈으로 보는 일은 없어야겠다.

* 주변에서 볼 수 있는 가족 형태에는 어떤 것들이 있는가?
* 여러분이 생각하는 이상적인 가족 형태에 대해 이야기해 보자.

26

우리 가족은 나의 든든한 울타리이며 나는 우리 가족의 소중한 구성원임을 명심하겠습니다

My family is my refuge, and I am an important member of it.

4~5세기 중국은 수많은 나라들이 생겼다 멸망을 거듭하는 시대였다. 이 시기, 동진東晉의 장수였던 환온(312~373년)이 촉나라를 공격하려고 군사들을 배에 싣고 양쯔강 중류의 협곡을 지날 때였다. 배에 탄 군사 한 명이 새끼 원숭이를 포획해 애완용으로 데려가고 있었다. 그러자 어미 원숭이가 슬프게 울며 배를 쫓아왔다. 배가 좁은 강어귀를 지나느라 속도가 느려졌을 때 원숭이는 배 안으로 훌쩍 뛰어들더니 그 자리에서 죽고 말았다. 갑작스런 죽음에 놀란 병사들이 원숭이의 배를 갈라보았더니 창자가 모두 끊겨 있었다. 자식을 잃은 슬픔 때문이었다.

자초지종을 들은 환온은 어미 원숭이는 묻어주고 새끼 원숭이는 풀어주었으며, 원숭이를 잡았던 병사는 파면해 쫓아냈다. 여기서 생긴 사자성어가 바로 '모원단장母猿斷腸'이다. 어미 원숭이의 끊어진 창자라는 뜻이다. 줄여서 단장이라고도 부르는데, 애끊는 슬픔을 가리킬 때 쓰인다.

모원단장의 고사는 비록 짐승이지만 어미의 사랑이 얼마나 지극한지를 알 수 있는 대목이다. 하물며 가족은 말할 나위가 없다. 지극한 사랑으로 가족을 감싸는 부모님과 서로 돕는 형제자매, 가족은 이 세상에서 가장 든든한 울타리이다.

* 살아오면서 가족에게 큰 고마움을 느꼈던 때는 언제인가?
* 여러분이 나중에 가정을 꾸리게 될 때 어떤 부모가 되고 싶은가?

27
나는 가족의 구성원으로서 집안일도 책임감을 가지고 기꺼이 동참하겠습니다

As a member of my family, I will participate in household chores.

집안일을 둘러싼 남자, 여자의 갈등은 비단 우리나라만의 문제는 아닌 듯하다.

2012년 6월, 영국의 일간 신문인 데일리메일은 남자들이 집안일을 할수록 행복해 한다는 연구결과를 실었다. 이는 케임브리지 대학교 연구팀이 34개국을 대상으로 조사한 결과였다. 조사결과에 따르면 남자들은 청소, 빨래, 요리를 할수록 행복을 느꼈다. 이 같은 결과는 연구팀에게도 다소 의외였다. 연구를 시작할 무렵에는 갈등이 많을 것으로 예측했기 때문이다. 그러나 조사에 응한 사람들 가운데 성평등을 지향하는 남성은 아내의 일방적인 희생을 불편해 하는 것으로 나타났다. 집안일을 책임지는 문제로 갈등이 일어나지 않는 것도 행복함을 높이는 역할을 했다.

가정은 가족 모두의 공간이다. 집안에서 해야 하는 일도 누군가 일방적으로 책임져야 하는 것이 아니라 나누어 맡아야 한다. 자기 방 청소를 책임지는 것, 빨래나 청소나 밥을 할 때 역할을 나누어 맡는 것 등은 화목한 가정을 위해 당연히 해야 할 일이다.

* 여러분은 집안일에 적극적으로 참여하는 편인가, 무관심한 편인가? 이유
는 무엇인가?
* 여러분은 집안일이 누구의 주도로 이루어져야 한다고 생각하는가?

28

부모님께 무례한 마음을 갖거나 행동을 하지 않고 항상 공경하겠습니다

I will respect my parents and try to refrain from treating them with a bad attitude.

공자(孔子, 기원전 551~기원전 479년)의 제자 가운데 민자건(민손)이 있다. 공자는 평생 삼천 명의 제자를 길렀는데, 그 가운데서도 학문과 덕행이 뛰어난 제자 열 명을 일컬어 공문십철孔門十哲이라고 부른다. 민자건도 공문십철 가운데 한 사람으로 효행이 뛰어났다.

민자건의 어머니는 일찍 돌아가시고 새어머니가 들어와서 두 남동생을 낳았다. 계모는 심성이 너그럽지 못해서 자신이 낳은 아들과 민자건을 차별했다. 한겨울에도 자기가 낳은 아들에게는 두툼한 솜옷을 입히고 민자건에게는 갈대꽃을 넣어 만든 얇은 옷을 입혔다.

하루는 아버지가 민자건에게 마차를 몰게 했다. 민자건은 춥고 손이 시려서 말고삐를 놓치고 말았다. 아버지가 살펴보니 큰 아들의 옷이 얇고 손은 얼음장처럼 차가웠다. 반면 집에 있던 계모의 두 아들은 두툼한 옷을 입고 있었다. 아버지는 화가 나서 계모를 내쫓으려고 했다. 그러자 민자건이 아버지에게 간곡히 말했다.

"어머니가 계시면 추위에 떠는 자식은 하나로 족하지만 어머니가 안 계신다면 세 자식이 모두 추위에 떨게 됩니다."

이 말에 아버지는 마음을 고쳐먹었고 계모는 크게 뉘우쳤다. 그 뒤로 온 가족이 화목하게 지낼 수 있었다. 비록 자신을 홀대한 계모지만 공경했고, 그 때문에 온 가족이 행복하게 되었으니 이보다 더 큰 효도가 없을 것이다. 공자도 민자건의 효행에 감탄해마지 않았다.

"효자로구나, 민자건이여! 부모와 형제가 효자라고 칭찬을 해도 사람들이 다른

말을 하지 못하겠구나."

공자의 제자 가운데 증자도 효자로 이름난 사람이다. 증자는 효도 가운데 가장 큰 것은 어버이를 존중하고 공경하는 것이라고 했다.

자기 부모를 공경하는 사람은 다른 어른에게도 공손하게 대할 줄 안다. 형제간에도 다투지 않는다.

* 여러분이 지금 할 수 있는 효도에는 무엇이 있는지 구체적으로 이야기해 보자.
* 부모님이 여러분을 보고 기뻐할 때는 언제인가?

29

부모님도 실수할 때가 있음을 알고 이해하겠습니다

I understand that even parents can make mistakes.

부처님의 10대 제자 가운데 한 분인 목련존자는 신통력이 뛰어나서 신통제일이라고 불렸다. 지혜가 뛰어나서 지혜제일이라고 불렸던 사리불과는 오랜 동무 사이였고 출가도 함께 했다.

사람들은 지혜 제일 사리불이 더 뛰어나다고 뒷말을 했지만 목련존자는 신경 쓰지 않았다. 그만큼 인품이 뛰어났다. 그러나 목련존자의 어머니인 청제부인은 성품이 바르지 못했다. 탁발하러 온 스님을 내쫓고 짐승의 피로 제물을 삼았다. 목련존자가 어머니의 성품을 고쳐보려 했지만 아들을 속이며 악행을 저지르다가 끝내는 지옥에 떨어졌다.

목련존자는 신통력을 발휘해 어머니가 아귀지옥에 있는 것을 알아냈다. 평생 배고픔에 시달려야 하는 지옥이었다. 목련존자는 아귀지옥으로 가 어머니께 밥을 드렸다. 그러나 밥은 입에 들어가는 순간 불꽃이 되고 말았다. 마음이 아팠던 목련존자는 부처님을 찾아가 눈물로써 도움을 청했다. 부처님은 목련존자의 지극한 효성에 감동해 방법을 가르쳐 주었다.

"목련아! 7월 15일, 백중날은 스님들이 공부를 마치는 날이다. 갖가지 음식을 장만하여 공양하도록 하라. 그리하면 네 어머니는 지옥을 벗어날 것이다."

목련존자는 백중일에 스님들께 공양을 올렸고 어머니는 지옥을 벗어나 극락세계로 갈 수 있었다. 이후로 불교에서는 음력 7월 15일, 백중일에 조상들을 천도하는 행사를 하게 되었는데 이 날이 바로 우란분절이다.

우리가 어렸을 때 부모님은 세상에서 가장 큰 사람이었다. 그러나 자라면서 부모

님의 결점이나 약한 점을 보게 된다. 부모님도 결국 한 인간이기 때문이다. 목련존자처럼 훌륭한 인품을 가진 위인의 어머니도 악행을 저지르는 게 인간사다. 부모님도 실수할 때가 있고 실패할 때가 있다. 이럴 때 비난하기보다 이해하고 감싸 안는 가족애가 필요하다.

* 여러분은 부모님이 인간적으로 연약한 존재라고 느낀 적이 있나?
* 여러분이 어른이 되었을 때 어떤 부모가 되고 싶은가?

30

부모님의 능력이나 형편은 내가 이룬 것이 아니기에 자만심이나 열등감을 갖지 않겠습니다

My parents' ability and financial status is not something that I achieved. Therefore, I won't feel arrogant or insecure about such things.

김려령 작가의 소설 『완득이』에는 개성이 강한 두 인물이 나온다.

주인공 도완득은 열등감이 많은 인물이다. 가난한 동네 옥탑방에 살고 있으며 공부와는 담을 쌓았다. 아버지는 키 작은 장애인에 직업은 춤꾼이다. 아버지를 따르는 민구 삼촌은 인물은 멀끔하지만 말더듬이에 지능도 모자란 것 같다. 나이트클럽에서 춤을 추던 아버지는 그곳에서 밀려나 지하철에서 물건을 팔지만 쫓겨 다닐 때가 많다.

완득이가 남보다 잘하는 것은, 어린 시절 아버지를 기다리던 대기실에서 조직폭력배에게 배운 싸움뿐이다. 완득이는 그 실력을 믿고 킥복싱에 도전하지만 링에서는 번번이 패하고 만다. 게다가 어느 날 갑자기 아들에게 존대를 하는 베트남 출신 엄마가 나타난다. 숨 막힐 것 같은 이런 환경에서도 완득이는 당당하다. 열등감이 은근히 사람을 노력하게 만든다며 마음에 들지는 않지만 영 나쁜 것 같지는 않다고 말한다. 똥주처럼.

똥주, 아니 동주는 완득이를 못살게 구는 선생님같지 않은 담임선생님이다. 완득이가 제발 죽으라고 교회에 나가 기도를 하지만 담임선생님은 건재하며 완득이를 골려먹는다. 이 선생님, 알고 보니 꽤 부잣집 도련님이다. 아버지가 건실한 사업체를 운영하는 사업가였던 것이다. 그런데 아버지가 이주노동자들을 부당하게 대우하는 것을 보고는 집을 나온다. 교회를 가장한 이주노동자 쉼터를 운영하며 아버지의 회사를 고발하기도 한다.

완득이와 동주 선생은 가정환경이야 그저 아버지가 만든 것일 뿐 자기와는 무관

한 것으로 여겼다. 열등한 환경 속 완득이는 전혀 기죽지 않았으며 우월한 환경 속 동주 선생님도 불편을 감수하며 뚜벅뚜벅 자기 길을 가고 있다.

　가정환경은 부모님이 만든 결과이다. 그로 인해 조금 불편하거나 조금 편리할 수는 있겠지만 그걸로 으스대거나 부끄러워할 이유는 없다.

* 『완득이』를 책이나 영화로 보았다면 느낌을 이야기해 보자.
* 여러분이 동주 선생님과 같은 입장이라면 어떻게 행동할 것인가?

31

외출할 때 가족에게 행선지를 알리고
귀가 시간을 지키겠습니다

When I go out, I will tell my parents and let them know when I will
return home.

일본에는 와시모족(わしも族)이라는 말이 있다. 와시모(わしも)는 '나도'라는 뜻이다. 은퇴한 남편이 하루 종일 집안에만 있다가 아내가 외출할 때면 '나도 갈래' 하며 따라나서는 데서 나온 말이다. 우리나라에도 아내가 외출할 때 행선지를 묻는 남편은 간이 큰 사람이라는 우스갯소리가 있다.

이는 어디까지나 우스개일 뿐이다. 외출할 때 가족에게 행선지와 귀가 시간을 알리는 것은 지극히 당연하다. 특히 요즘처럼 사회적으로 폭력이 만연한 시기일수록 부모님들의 걱정은 늘어간다.

가정에서뿐만이 아니라 학교에서도 마찬가지다. 그리고 나중에 사회에 진출해 직장에 다닐 때도 동료나 상사에게 가는 곳과 돌아올 시간을 알리는 것은 기본적인 예절이다.

공자도 "부모가 살아 계시거든 멀리 나가서 놀지 말며, 혹 먼 곳을 가는 일이 생기면 반드시 행선지를 알려야 한다."고 하였다.

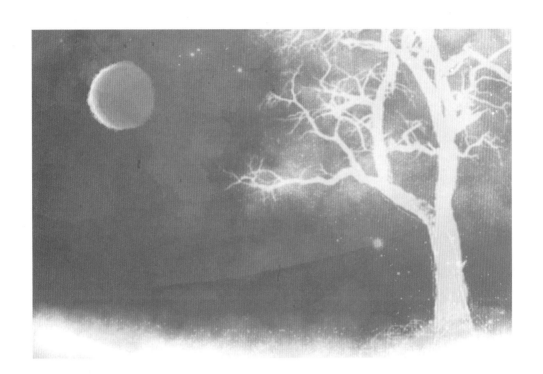

이야기
나눠 보기

* 집 밖으로 나올 때 여러분은 부모님께 어떻게 인사하고 있는지 말해 보자.
* 여러분은 부모님께 행선지를 정직하게 말하고 있는가? 그렇지 못하다면 그 이유는 무엇인가?

32

일가친척에게 애정과 관심을 갖겠습니다

I won't forget my grandparents and other extended family
members.

『출요경』은 여러 경전에서 부처님의 말씀을 뽑아 엮은 불경으로, 비유를 들어 부처님의 가르침을 전하고 있다. 그 가운데 이런 내용이 있다.

> 병이 없는 것이 제일의 이익이요
> 만족할 줄 아는 것이 제일의 부자며
> 친한 친척이 제일의 벗이요
> 열반이 제일의 즐거움이다.

친한 친척은 이익을 따지지 않고 어려울 때 도와주니 인색한 친구보다 낫다는 말이다.

자주 사용하지는 않지만 우리 속담에 이런 말이 있다.

"좋은 일에는 남이요 궂은일에는 일가다."

좋은 일이 생겼을 때 축하해 주는 것은 누구나 할 수 있지만 장례식처럼 슬프고 궂은일에 팔 걷고 나서는 사람은 역시 일가친척뿐이라는 말이다.

같은 조상의 자손인 친척은 내 뿌리를 잊지 않게 한다. 여러 어른을 만나면서 윗사람께 지켜야 할 예절을 배우고, 친척 형제들 사이에서 위계질서도 배울 수 있다. 가정보다 큰 사회를 경험하면서 더 큰 사회로 나가는 연습을 하는 셈이다. 물론 '먼 사촌보다 가까운 이웃이 낫다'는 말처럼 이웃도 소중하지만, 힘들고 어려운 일에 선뜻 나서주는 일가친척도 소중한 사람들이다.

＊ 여러분은 일가친척들과 가깝게 지내고 있는가? (가까이 지낸다면) 좋은 점과 불편한 점은 무엇인가? (가깝게 지내지 않는다면) 언제 주로 만나는가? 가깝지 않은 이유는 무엇인가?

33

나의 말과 행동이
동생들에게 모범이 될 수 있도록 하겠습니다

I will remember that my words and actions set an example for my younger siblings.

바흐 하면 자연스레 떠오르는 사람이 있다. 베토벤이 존경했다는 음악의 아버지, 요한 세바스찬 바흐(Johann Sebastian Bach, 1685~1750년)이다. 오페라를 뺀 당대 음악의 전 장르를 소화하며 천 곡 이상을 쓴 천재 작곡가이다.

그러나 바흐라는 성을 쓰는 음악가는 요한 한 사람뿐만이 아니다. 그의 집안에서는 200년 동안 무려 50명의 음악가가 배출되었다.

요한은 어려서부터 거리의 악사인 아버지에게 바이올린을 배웠고 사촌 큰아버지에게 오르간을 배웠으며 형에게 작곡을 배웠다. 가족, 친척들이 서로 영향을 주고받으며 대음악가 집안을 일으킨 것이다.

바흐 집안처럼 특수한 상황이 아니어도 형제나 자매가 같은 길을 걷는 경우는 흔하게 볼 수 있다. 성향이나 기질이 닮은 탓도 있겠지만 어려서부터 형이나 언니를 따라 꿈을 키웠을 가능성도 높다. 형제, 자매는 어려서부터 서로 어울려 상호작용을 하며 행동을 모방하는데, 동생이 형이나 언니를 닮으려고 한다. 친척 사이에서도 마찬가지이다. 형이나 누나, 언니는 동생들의 거울이다. 이왕이면 멋지고 당당한 모습을 비춰주는 거울이 되어야 하지 않을까.

* 여러분은 동생이나 친척들에게 어떤 언니, 어떤 형일까?
* 반대로, 닮고 싶은 형이나 언니가 있나? 그 이유는 무엇인가?

자녀의 인생을 바꾸는
108가지 이야기

2장

나, 바로 세우기

나를 돋보이게 하는 인격

인격은 한 사람의 도덕적 가치관을 말한다.

인격이 뛰어난 사람은 높은 도덕심과 뛰어난 성품을 갖고 있다. 아무리 학식이 뛰어난 사람도 인격이 훌륭한 사람과는 비교가 안 된다. 천재들 가운데는 사회에 해악을 끼친 사람이 있지만 인격이 뛰어난 사람이 사회에 피해를 주었다는 말은 들어본 적이 없다.

인격이 뛰어난 사람은 자기 자신을 훌륭한 사람으로 만드는 것은 물론 사회를 살 만한 곳으로 만든다.

34

온화한 성품과 인성을 갖추겠습니다

I will cultivate a gentle nature and personality.

프랑스의 작가 빅토르 위고(Victor Marie Hugo, 1802~1885년)의 『레미제라블』은 프랑스 혁명기에 살았던 민중들의 고달픈 생활을 그린 대하소설이다. 뮤지컬, 영화 등으로 제작되어 아직까지도 널리 사랑받고 있다.

주인공 장발장은 굶주리는 조카를 위해 빵 한 조각을 훔친 죄로 감옥에 갇힌다. 탈옥을 시도하면서 형량은 더 늘어나 19년을 감옥에서 보내야 했다. 가석방으로 풀려난 장발장에게 남은 것은 사회에 대한 분노뿐이었다.

기도원에서 미리엘 주교의 선의로 정성스런 저녁과 잠자리를 제공받았지만 은식기를 훔쳐 달아난 것도 분노 때문이었다. 도둑질을 한 장발장은 곧 사람들에게 잡혀 기도원으로 끌려온다. 그러나 미리엘 주교는 장발장을 비난하는 대신 은식기를 선물로 준 것이라고 변호한다. 그것도 모자라 함께 준 은촛대는 왜 가져가지 않았느냐며 촛대까지 내어 준다.

미리엘 주교의 온화함에 감동한 장발장은 마음속 분노를 떨쳐내고 새사람이 되었다. 장발장은 공장을 운영하는 사업가이자 시장으로 시민의 존경을 받게 된다. 성공한 뒤에도 장발장은 자베르 경찰에게 쫓기는 신세가 되지만 더 이상 분노로 치를 떨지는 않았다. 고아소녀 코제트를 정성껏 돌보는 장발장은 어느새 미리엘 주교의 온화함을 닮아 있었다. 코제트가 사랑하는 청년을 죽음에서 구해낸 다정한 아버지 장발장은 평온한 미소를 지으며 생을 마칠 수 있었다.

『이솝우화』에 나오는 해와 바람의 내기에서 나그네의 외투를 벗긴 것은 강한 바람이 아니라 따뜻한 해였다. 강경함보다는 온화함이 다른 사람에게 감동을 줄 수

있다는 뜻이다.

온화한 성격은 타인과 원만하게 지낼 수 있다. 쉽게 화내지 않으니 믿음과 신뢰를 받는다. 지도자가 온화한 성품을 갖고 있으면 아랫사람은 마음껏 역량을 펼칠 수 있다. 지도자들에 대한 평가에 '온화한 리더십'이라는 수식어가 빠지지 않는 이유를 잘 생각해 보아야 한다.

* 여러분은 장발장처럼 다른 이의 온화함에 감동받은 적이 있는가?
* 온화한 리더십의 장점과 단점은 무엇일까?

35

나는 얼굴을 가꾸듯
마음을 아름답게 가꾸겠습니다

I will pay attention to how I look on the inside in addition to how I look on the outside.

'자고 일어났더니 유명해졌다'는 말은 영국 배우 오드리 헵번(Audrey Hepburn, 1929~1993년)에게도 해당한다. 오드리 헵번은 1953년 영화 「로마의 휴일」에 집 나온 공주로 출연하며 세계적인 배우로 부상했다. 사람들은 요정 같이 깜찍한 오드리 헵번에게 매료당했다. 짧은 머리 모양부터 옷, 신발에 이르기까지 패션에 끼친 영향도 커서 '헵번스타일'이라는 말이 생겨날 정도였다.

오드리 헵번은 행복한 가정을 꿈꾸며 결혼과 함께 은퇴를 했다. 세월이 흐르며 그녀의 예쁜 얼굴에는 주름이 생겨났고 찾는 사람도 없었다. 왕년의 스타로 조용히 살아가던 1988년, 오드리 헵번은 우연한 기회에 자선모금 행사에 참가했다가 특별한 경험을 한다. 자기가 자선 모금 활동에 도움이 된다는 것을 깨달은 것이다. 이때부터 오드리 헵번은 적극적으로 구호활동에 나선다. 유니세프(UNICEF, 어린이를 위해 일하는 UN 산하단체)에 먼저 연락해 친선대사가 되었고, 아프리카 곳곳을 누비며 어린이를 보살폈다. 배우로 활동할 때는 하지도 않던 인터뷰도 기꺼이 했다.

1992년부터 오드리 헵번은 대장암으로 건강이 나빠졌지만 자기 몸을 돌볼 겨를이 없었다. 통증을 참아가며 아프리카로 갔다. 그녀는 아이들의 손을 잡아주고 품에 안아주고 마주보며 함께 웃었다. 세상 어느 미인보다 아름다운 사람의 모습이 거기 있었다.

"어린이 한 명을 구하는 것은 축복입니다. 어린이 백만 명을 구하는 것은 신이 주신 기회입니다."라고 말했던 오드리 헵번. 참된 아름다움은 얼굴이 아니라 마음에서 나온다는 것을 몸소 보여준 사람이었다.

* 내가 직접, 혹은 책이나 영화 등을 통해 간접적으로 만난, 마음이 아름다운 사람을 소개해 보자.
* 마음을 아름답게 가꾸기 위해서는 어떻게 해야 할까?

36

나는 마음의 평정심을 유지하며 화내거나 짜증내지 않겠습니다

I will try to maintain inner peace and not get angry or frustrated.

중국 고전 『장자莊子』에 '나무 닭의 덕(木鷄之德목계지덕)'이라는 말이 나온다. 이야기는 이렇다.

중국의 어느 왕이 닭싸움을 좋아해서 최고의 싸움닭을 구해 조련사에게 훈련을 맡겼다. 열흘쯤 지나서 왕이 물었다.

"닭이 싸우기에 충분한가?"

"아직 멀었습니다. 닭은 자기가 최고인 줄 알고 있거든요. 교만함을 떨쳐내야 합니다."

열흘이 지나 왕이 또 물었다.

"교만함은 버렸지만 상대의 움직임에 섣불리 반응합니다. 조급함을 버려야만 합니다. 기다리시지요."

열흘이 지나 왕이 물었을 때 조련사의 답은 이랬다.

"아직도 때가 안 됐습니다. 조급함은 버렸지만 상대방을 노려보는 눈초리가 너무 매섭습니다. 공격적인 눈초리를 버릴 때까지는 어림도 없습니다."

그로부터 열흘이 지났을 때 조련사는 이제 됐다며 말했다.

"상대가 아무리 사납게 굴어도 반응을 하지 않고 마음의 평정을 찾았습니다. 목계지덕을 갖추었으니 누구도 덤비지 못할 것입니다."

평정심을 이룬 모습이 얼마나 강한 힘을 갖고 있는지 빗대어 설명하는 이야기다.

요즘 사람들은 감정조절을 못해서 '욱' 하는 때가 많다. 사소한 일에도 벌컥 화를 내고 별 것도 아닌 일에 분노가 끓어오른다. 청소년기에는 감정의 변화가 심한 특

성 때문에 더 그렇다. 마음속 분노는 생각 바꾸기를 통해 조절이 가능하다고 한다. 자존감이 높은 사람은 남을 배려하는 마음을 갖게 되므로 분노를 줄일 수 있다. 명상을 하는 것도 마음의 화를 가라앉히는 데 도움이 된다.

* 여러분은 감정조절에 실패해 갑자기 화를 내 본 적이 있는가? 주로 언제 그런가?
* 평정심을 유지하면 어떤 장점이 있을지 이야기를 나누어 보자.

37

슬픔이나 괴로움은 마음먹기에 따라 행복으로 바꿀 수 있음을 기억하겠습니다

I will remember that it is up to me to change my sadness or sorrow into happiness.

중국 당나라 때의 혜능선사(638~713년)가 젊었을 때 인종법사의 『열반경』 강의를 듣게 되었다. 강의가 한창일 때 어디선가 강한 바람이 불어와 깃발을 흔들었다. 인종법사가 잠시 강론을 멈추고 청중들에게 물었다.

"바람이 움직이는 것입니까? 깃발이 움직이는 것입니까?"

사람들은 선뜻 대답하지 못하고 '바람이 움직인다', '깃발이 움직인다'며 웅성거렸다. 이때 혜능선사가 일어서서 말했다.

"바람이 움직이는 것도 아니요, 깃발이 움직이는 것도 아닙니다. 움직이는 것은 바로 여기 모인 사람들의 마음입니다."

웅성이던 청중들이 조용해졌다. 인종법사도 혜능선사의 깨달음이 높음을 알아보고 예를 갖춰 인사했다.

얼핏 비과학적으로 들리지만 이는 마음의 중요성에 대한 가르침이다. 세상 모든 일은 마음이 만든다는 것이다. 무학대사가 태조 이성계에게 "부처 눈에는 부처만 보이고 돼지 눈에는 돼지만 보인다."고 한 말도 이와 같은 맥락이다.

반쯤 담긴 물 컵을 보고 누구는 '반밖에 안 남았다'고 말하고 누구는 '반이나 남았다'고 말한다. 부정적인 눈으로 세상을 보면 조금만 어려운 일이 닥쳐도 좌절하기 쉽다. 그러나 긍정적인 눈으로 세상을 보면 고비를 만나도 쉽게 이겨낼 수 있다. 그리고 어려움 뒤에 숨어 있는 희망을 만나게 될 것이다. 마음먹기에 따라 똑같은 반 컵의 물도 누군가에게는 한숨이 되고 누군가에게는 희망이 된다.

* 반 컵의 물을 보고 여러분은 어떤 반응을 할 것인가?
* 마음먹기에 따라 상황이 달라 보일 수 있는 경우를 이야기해 보자.

38

누군가를 미워하거나 괴롭히면
내 마음도 다친다는 것을 기억하겠습니다

I will remember that if I hate or bully someone, my mind will suffer as well.

『백유경』은 부처님의 가르침을 백 가지 비유를 들어 설명하는 경전이다. 『백유경』에 나오는 우화 가운데 이런 것이 있다.

옛날 어떤 사람이 늘 시름에 잠겨 있었다. 그 사람은 자기를 헐뜯고 다니는 사람에게 복수하고 싶은데 방법을 몰라 전전긍긍하고 있었다. 누군가가 시름에 찬 사람에게 이렇게 말해 주었다.

"미운 사람에게 복수할 수 있는 주문이 있습니다."

시름에 잠겼던 사람이 반색을 했다.

"그 방법을 제게 가르쳐 주십시오. 제발 부탁입니다."

"그러나 한 가지 조심해야 할 게 있습니다. 만약 그 주문이 듣지 않아 복수에 실패하면 그 피해는 고스란히 당신에게 돌아옵니다."

"상관없습니다. 내가 비록 해를 입는 한이 있더라도 반드시 그 사람에게 주문을 쓸 것입니다."

남을 해치고 미워하는 일은 이렇듯 위험하다. 자기에게 해가 될 수 있는 주문을 거리낌 없이 사용하는 것과 같다. 남을 미워하거나 괴롭히는 마음은 스트레스가 되어 도리어 내가 괴롭다는 것을 잊지 말아야겠다.

* 미워하는 마음이 생길 때 스트레스를 받지 않고 해결할 수 있는 방법은?
* 어떨 때 미워하는 마음이 생기는가? 그리고 그 원인이 어디에 있는지 여러
  측면으로 이야기를 나눠 보자.

39

남의 허물에는 엄격하고 나의 잘못에는 관대한 이중잣대를 갖지 않겠습니다

I will be careful not to be too harsh towards others or too easy towards my own faults.

우리 속담에 '숯이 검정 나무란다'는 말이 있다. 검은 숯이 검정을 나무란다는 뜻이니, 자기의 허물은 못 보고 남의 작은 허물만 흉본다는 말이다.

사람은 자기중심적이어서 자신이 저지른 실수에는 관대하고 남이 저지른 잘못은 작은 것도 비판한다. 성경의 「마태복음」에는 이런 세태를 경계하는 유명한 가르침이 있다.

"어찌하여 형제의 눈 속에 있는 티는 보고 네 눈 속에 있는 들보는 보지 못하느냐."

티는 조그만 나무 조각이지만 들보는 집을 지을 때 쓰는 큰 목재이다. 자기에게 큰 허물이 있는 것은 모르면서 남의 작은 허물만 비판하지 말라는 가르침이다.

부처님이 기원정사(예전에 인도에 있던 절의 이름)에 머무실 때 장로 사리풋타가 남의 허물을 들출 때는 어떻게 해야 하느냐고 여쭈었다. 부처님이 대답하셨다.

"다섯 가지를 갖추어야 한다. 첫째는 반드시 사실이어야 하고, 둘째는 말할 때를 알아야 하고, 셋째는 이치에 합당해야 하며, 넷째는 부드럽게 말해야 하고, 다섯째는 자비심으로 말해야 한다."

* 사람들이 남의 허물에 엄격한 이유는 무엇일까?
* 일상생활에서 내 잘못이나 실수를 깨닫고 바로잡을 수 있는 방법은 무엇일까?

40

남에게 받은 상처를 마음에 오래 담아두지 않으며 그 상처로 아파하지 않겠습니다

If someone hurts me, I will let it go, and won't dwell on it.

몇 해 전 해외매체에 '망각의 알약'에 관한 소식이 실렸다. 미국과 프랑스에서 기억을 잊게 하는 신약을 개발 중이라는 내용이었다. 정신적 상처로 고통 받는 사람에게 희소식이라는 환영의 목소리와, 오남용에 따른 부작용을 걱정하는 우려의 목소리가 맞섰다. 우려하는 사람들은 고통스러운 기억도 그 사람에게는 정체성의 일부라고 주장했다.

사람은 망각의 동물이라고 한다. 독일의 철학자인 니체(Friedrich Nietzsche, 1844~1900년)는 "신이 인간에게 준 최고의 선물이 바로 망각"이라고 하였다. 프랑스의 작가인 발자크(Honoré de Balzac, 1799~1850년)도 "망각 없이는 인생을 살아갈 수 없다."고 했다. 하지만 잊는 것이 어디 쉬운가. 나쁜 기억이나 상처는 지워지지 않고 오래도록 남아 마음을 괴롭힌다.

그래도 상처는 먼지 털 듯 훌훌 털어버리는 것이 가장 좋은 방법이다. 지난 일로 아파하기보다 앞으로 다가올 눈부신 날에 더 큰 희망과 기대를 걸어야 한다. 프랑스의 소설가 앙드레 모루아(André Maurois, 1885~1967년)의 말처럼 "과거의 안 좋은 기억을 지우는 것은 행복의 문을 여는 열쇠"와 같다.

이야기 나눠 보기

* 여러분은 자꾸 신경이 쓰이거나 마음을 괴롭히는 일로 괴로웠던 경험이 있는가?
* 상처가 된 일을 훌훌 털어버리기 위해서 어떻게 하는 것이 좋을까?

41

나는 어떠한 경우라도 물리적 폭력이나
언어적 폭력을 사용하지 않겠습니다

Under no circumstances will I use verbal or physical violence on others.

트라우마trauma는 사건, 사고 등으로 정신적 충격을 겪고 난 뒤에 발생하는 심리반응을 가리킨다. 외상 후 스트레스 장애라고 한다. 전쟁, 비행기나 자동차 사고, 천재지변 등을 겪은 뒤에 악몽을 꾸거나 불안, 우울증을 겪고 심하면 환청이나 환각을 경험한다. 이것이 바로 트라우마다. 2010년 칠레의 산호세 광산에 갇혔다가 구조된 광부들이 심각한 트라우마에 시달리는 것은 널리 알려진 사실이다.

학교 폭력의 피해자들도 심각한 후유증에 시달린다. 그러나 해를 입힌 사람들은 피해자의 괴로움에 무감각하다. 문제가 생기면 그 정도로 심하게 괴롭히지는 않았다고 변명한다. "발을 걸었을 뿐인데, 별명을 불렀을 뿐인데, 한두 번 욕을 했을 뿐인데, 살짝 밀었을 뿐인데"라고 말한다. 그러나 피해를 입은 사람의 아픔의 크기는 그렇게 단순하지가 않다.

특히 학교 폭력으로 인한 트라우마는 피해를 입은 학생뿐 아니라 피해자 가족, 그 폭력을 지켜볼 수밖에 없었던 친구들에게까지 나타난다. 장난 삼아 가해를 했던 학생도 시간이 지나 어른이 되었을 때 자기의 실수 때문에 트라우마를 겪을 수 있다. 그때 내가 왜 그랬을까, 내가 왜 남의 마음을 아프게 했을까, 어른이 되어서 후회해야 소용없다. 학교에서 일어나는 폭력은 결국 모두가 피해자라는 것을 명심하자.

* 여러분이 생각하는 폭력의 범위는 어디까지인가?
* 학교 폭력을 없애기 위한 대책은 무엇이 있을까? 학교폭력 생활부 기재는 폭력을 줄이는 데 도움이 될까?

42

무심코 한 말이나 행동으로
남에게 상처를 주지 않도록 조심하겠습니다

I will be careful in how I act and what I say so that I do not hurt others.

시인이자 소설가인 월터 스코트(Walter Scott, 1771~1832년)는 스코틀랜드 출신의 작가이다. 『아이반호』와 같은 역사 소설로 유명하다. 월터 스코트는 어려서 바보 소리를 들을 정도로 열등했다. 학교에서는 늘 기가 죽은 채로 구석자리에 앉아 있었다. 월터 스코트가 열네다섯 살쯤 되었을 때 문학가들의 모임에 참석하게 되었다. 그 모임에는 천재 시인으로 불리던 로버트 번즈(Robert Burns, 1759~1796년)도 참석하고 있었다. 로버트 번즈는 벽에 걸린 그림에 시 한 구절이 적힌 것을 보고 이 것이 누구의 시냐고 물었다. 누구도 대답을 못하고 있을 때 월터 스코트가 쭈뼛거리며 다가와 그 시의 작가와 나머지 구절을 읊었다. 로버트 번즈는 놀라워하며 말했다.

"오, 그대는 언젠가 스코틀랜드를 대표하는 시인이 되겠군."

무심코 던진 로버트 번즈의 말은 예언처럼 실현이 되었다. 월터 스코트는 로버트 번즈와 어깨를 나란히 하는 이름난 작가가 되어 왕실로부터 기사 작위를 받기도 했다. 두 사람은 스코틀랜드의 3대 작가 가운데 두 자리를 차지하고 있다. 로버트 번즈의 우연한 격려 한 마디는 수줍고 인정받지 못하던 월터 스코트에게 큰 용기가 되었을 것이다. 한 마디의 말은 이렇듯 강한 힘을 갖고 있다.

심리학자들도 말의 힘에 주목하고 있다. 부정적인 말이나 자극을 자주 접하면 두 뇌에 나쁜 영향이 가고 신체의 건강 이상으로까지 이어진다는 것이다. 어른들의 부정적인 말에 자녀가 스트레스를 받는 것과 같은 이치이다.

불경에는 '사람이 태어날 때 입안에 도끼가 생기는데 어리석은 사람은 나쁜 말로

자기 자신을 찍는다'는 내용이 있다. '거짓말을 하지 않고 도리에 맞는 말만 하며, 말로 사람들을 화나게 하지 않는 사람이 성자'라는 가르침도 있다. 신중하지 못한 말로 남에게 씻을 수 없는 상처를 주거나 자기 자신에게 화를 입히는 어리석은 사람이 되지는 말자.

* 여러분에게 힘을 준 누군가의 한마디는 무엇인가?
* 그 반대의 경우는?
* 누군가에게 힘이 된 말을 해준 적이 있나?

43

욕설은 남의 명예를 훼손하고 모욕을 주는 말이므로 재미삼아 쓰지 않겠습니다

I will not use profanity for fun, because it can offend and shock people.

2003년에 개봉한 영화 「황산벌」은 660년, 백제와 신라 사이에 벌어졌던 황산벌 전투를 소재로 한 코미디 영화이다. 사람들은 이 영화에서 가장 인상적인 장면으로 백제군과 신라군 사이에 벌어졌던 '욕전투'를 꼽는다. 적의 기선을 제압하는 장면에서 차마 입에 담을 수 없는 거친 욕설이 등장하지만 관객들은 낄낄대고 웃는다. 욕설이 스트레스 해소에 어느 정도 도움이 된다는 증거일 것이다.

민속학자들은 욕이 고단한 백성의 삶과 문화를 반영한다고 말한다. 사회 비판과 풍자를 할 때 욕을 이용했고 친밀감을 높이는 데도 도움이 된다고 한다.

그러나 청소년이 사용하는 욕설은 성적인 은유를 담고 있거나 상대편에게 모욕감을 주는 공격적인 것들이 너무 많다. 욕설이 난무하는 사회는 건강하지 못하다. 특히 최근 우리 사회에는 특정 인터넷 커뮤니티 활동자를 모욕하는 욕, 출신 지역을 놓고 지역감정을 조장하는 욕, 자기와 다른 사상을 가진 사람을 비방하는 욕, 성차별적인 욕들이 넘쳐나고 있다. 잘못된 세태를 따끔하게 지적하는 일은 필요하지만 이런 욕으로 사람을 모욕해서는 안 된다. 남의 신체를 갖고 놀리거나 누군가에게 저주와 악담을 퍼붓는 욕도 해서는 안 될 폭력이다.

* 여러분이 욕을 하는 이유는 무엇인가?
* 욕의 긍정적인 면이 있다고 생각하는가?
* 욕설의 부정적인 면은 무엇일까?

44

사이버 공간에서 닉네임의 가면 뒤에 숨어
악플을 쓰지 않겠습니다

On the internet, I will not take advantage of anonymity by leaving negative and offensive comments.

인터넷이 발달하면서 등장한 새로운 사회현상들이 많지만 그 가운데 악플은 씁쓸한 부산물이다. 자기의 얼굴과 이름이 보이지 않는다고 근거 없는 악담을 늘어놓거나 나쁜 말로 설전을 벌이는 일은 일종의 정신질환이라는 보고도 있다. 전문가들은 악플도 중독이 된다고 말한다. 중독의 부작용은 크다. 거친 말로 악플을 달다 보면 현실에서도 감정조절이 안 되어 폭력적인 사람이 된다.

인터넷 게임을 현실과 착각해서 부적응을 일으키는 것과 똑같다. 이런 사람이 학교나 가정, 사회생활을 잘 해낼 리가 없다.

말에 그 사람의 인격이 드러나는 것처럼 글에도 그 사람의 성격과 인품이 담긴다. 악플은 다른 사람의 목숨을 앗을 수도 있는 위험한 흉기라는 것을 잊지 말아야 한다.

* 악플이 난무하는 이유는 무엇이라고 생각하는가?

* 인터넷 실명제를 실시하여 닉네임이 아닌 실제 이름이 표기된다면 악플이
  줄어들까?

45
나는 남을 도울 때 보답을 바라지 않겠습니다

I will help others without expecting anything in return.

조지 볼트(George Bolt, 1851~1916년)는 미국의 호텔리어로 아스토리아 호텔을 세계적으로 키운 사람이다. 조지 볼트는 젊어서 필라델피아의 작은 호텔에서 일했다. 어느 비바람이 거세게 부는 새벽, 한 노부부가 조지 볼트가 일하는 호텔에 들어섰다. 시계는 새벽 1시를 넘어서고 있었다. 그러나 호텔에는 빈 객실이 없었다. 조지 볼트는 인근에 있는 다른 호텔에 연락해 보았지만 빈 방이 없다는 대답뿐이었다.

"손님, 빈방은 없습니다만 시간도 늦었고 비바람도 거세니 제 방을 이용하십시오."

노부부는 조지 볼트의 방에 머물렀고 다음날 객실료를 지불하려고 했다. 그러나 조지 볼트는 객실이 아니어서 사용료를 받을 수 없다고 말했다. 개인적으로 사례를 하겠다는 것도 한사코 거절했다. 노신사가 말했다.

"당신은 미국에서 제일 좋은 호텔을 경영해야 할 사람이오."

그로부터 2년이 지난 뒤 조지 볼트에게 초청장이 왔다. 초청장은 월도프 아스토리아 호텔에서 보낸 것이었다. 뉴욕 중심가에 새로 생긴 이 호텔은 규모가 매우 컸다. 조지 볼트가 뉴욕의 호텔에 들어섰을 때 그를 맞은 사람은 2년 전의 그 노신사였다.

"이 호텔의 경영을 맡아주시오."

조지 볼트는 그 호텔의 초대 지배인이 되었고 훗날 노신사의 딸과 결혼했다. 대가를 바라지 않고 친절을 베풀었던 조지 볼트는 엄청난 행운을 거머쥐었고, 능력을 발휘해 세계적인 호텔리어가 되었다.

만약 조지 볼트가 계산이 빠르고 영악한 사람이었다면 선의에 대한 대가를 요구

했을지도 모른다. 자기 방을 내주었으니 호텔 숙박료에 별도의 비용을 얹어서 받았을 수도 있다. 만약 그랬다면 자기의 운명을 가를 행운은 만나지 못했을 것이다.

　요즘 휴대전화나 스마트기기 등을 습득하고 주인에게 대가를 요구하는 사람이 많다고 한다. 그런 사람들 가운데는 청소년도 적지 않다. 대가를 받아서 당장은 흐뭇할지 모르지만 길고 긴 인생에서 그 대가가 도움이 될까 생각해 보아야 한다. 중국의 고전 『채근담』에는 "남의 칭찬이나 대가를 바라는 선행은 안 한 것만 못하다. 오로지 선한 마음만 거기 남겨 두어라."는 말이 있다.

* 선행의 대가를 바라는 것은 정당한가, 그렇지 않은가에 대해서 논해 보자.
* 여러분도 대가를 바라지 않은 선행을 베푼 일이 있는가?

46

내 양심에 비추어 부끄럽지 않게 행동하고 정의롭게 살겠습니다

I will be fair and upright, and will avoid things that make me feel ashamed.

2004년, 우리 정부는 한 일본인에게 훈장을 수여하기로 결정했다. 수훈자는 후세 다츠지(1880~1953년), 일제강점기 때 핍박 받는 조선인들을 도운 변호사이다.

후세 다츠지는 1911년, 조선의 의병운동을 다룬 논문 「조선독립운동에 대하여 경의를 표함」을 쓰면서 조선에 관심을 표현했다. 1919년 2월 8일, 일본에 유학한 조선 학생들이 도쿄 한복판에서 2.8독립선언을 했을 때는 체포된 학생들을 무료로 변호했다. 그밖에도 일본 제국주의의 침탈에 고통 받는 우리나라 농민들, 독립운동가들을 위해 헤아릴 수 없이 많은 무료 변론을 맡았다. 한일 강제병합은 제국주의의 침략이라며 일본 정부에 대한 비판도 서슴지 않았다.

1923년, 일본 간토(關東) 지방에서 지진이 일어났을 때, 일본인은 조선 사람들에게 분풀이를 해댔다. 조선 사람이 우물에 독을 풀었다는 등의 유언비어를 퍼트려 학살을 자행했다. 후세 다츠지는 '일본인으로써 책임을 통감하며 사죄한다'는 내용의 사죄문을 써서 우리나라 언론사에 보냈다. 해방이 되었을 때는 축하 메시지를 언론사에 보내기도 했다.

일본 당국은 후세 다츠지의 변호사 자격을 박탈하고 두 번이나 옥에 가두었지만 그럴수록 그의 양심은 빛났다.

"인간은 누구든 자신이 어떠한 삶을 살아야 하는지에 대해 진정한 자신의 소리를 들어야 한다. 이는 양심의 소리다."

후세 다츠지의 말이다.

* 후세 다츠지의 경우처럼 양심을 지키는 일이 국가의 정책과 충돌할 때 여러분은 어떻게 하겠는가?
* 불이익을 감수하면서까지 양심을 지킨 일이 있으면 말해 보자.

47

돈과 물질적인 풍요만을
내 인생의 목표로 삼지 않겠습니다

I will not make material success my only goal in life.

톨스토이(Leo Tolstoy, 1828~1910년)가 쓴 『이반 일리치의 죽음』은 갑작스런 병으로 죽음을 맞게 된 한 남자의 이야기다.

소설의 주인공 이반 일리치는 나름대로 잘 살아왔다고 자부하는 사람이다. 어려서는 수재 소리를 들을 정도로 영리했고 예의도 발랐으며 자기의 가치를 높여줄 전문 직업을 가졌다. 검사로 임명되어 명예를 높였으며 부도 일구었다. 그런 그에게 갑자기 찾아온 죽음은 당혹스럽기만 했다. 주변 사람들의 반응도 예상 밖이었다. 동료들은 '이반 일리치가 죽으면 그 자리가 누구 차지가 될까'에만 관심을 가졌고 아내 역시 국가에서 받을 연금을 계산하고 있었다. 사람들의 위선적인 태도에 실망한 이반 일리치는 자신의 삶을 돌아본다.

그동안 이반 일리치는 사회적인 체면에 걸맞게 고급 양복을 맞춰 입고, 좋은 음식점에서 밥을 먹고, 성격도 좋고 똑똑한 여자와 결혼했다. 그것으로 자신의 삶은 고상하다고 믿었다. 그러나 이반 일리치는 죽을 무렵이 되어서야 자신의 삶이 그리 고상하지 않다는 것을 깨달았다.

더 절망스러운 것은 물질적인 안락함에 취해 사느라 자기가 제대로 살고 있는지 한 번도 되돌아보지 않았다는 사실이었다. 인생의 마지막 순간에 자신을 진심으로 대하는 사람을 만난 이반 일리치는 미워하던 가족과 동료들을 불쌍하게 여기며 빛의 세계로 들어간다.

이 작품을 통해 톨스토이는 인생을 어떻게 살아야 하는지 점검해 보게 한다. 우리나라 사람들은 물질적인 안락함을 중요한 삶의 목표로 여긴다. 물론 물질이 풍부

해서 나쁠 것은 없다. 그러나 인생에서 진짜로 중요한 것은 물질적인 풍요만이 아니다.

* 이반 일리치의 삶에서 부족한 것은 무엇이었을까?
* 여러분의 인생에서 가장 중요한 목표는 무엇인가?

48

남의 시간과 계획도 귀하게 여기며 약속을 지키겠습니다

I will be punctual, respecting others' time and plans.

공자의 제자 가운데 한 사람인 증자(曾子, 기원전 505~기원전 435년)는 효자의 대명사이다. 효심이 뛰어났지만 자녀에 대한 사랑도 그에 못지않아서 "부모에게 효도하고 자식을 사랑하는 일은 모든 일에 앞선다."는 말을 남겼다.

하루는 증자의 아내가 시장에 가려고 집을 나섰다. 아이가 따라가겠다며 떼를 쓰자 증자의 아내는 아이를 거짓으로 달랬다.

"시장에 다녀와서 돼지를 잡을 거야. 맛있는 고기를 줄 테니 얌전히 기다리고 있으렴."

아내가 시장에서 돌아오자 증자는 돼지를 잡을 준비를 하고 있었다. 아내가 아이한테 한 농담을 곧이듣는다며 펄쩍 뛰었지만 증자는 아랑곳하지 않고 이렇게 말했다.

"어른이 약속을 지키지 않는다면 아이는 거짓말을 배우게 되오. 나중에는 아이가 어머니의 말을 믿지 않을 텐데 어떻게 교육을 하려고 그러시오?"

증자는 어린이와 한 약속일지라도 소중하게 지켜야 한다는 것을 가르쳐주고 있다. 증자의 말대로 약속을 잘 지킬 때 믿음이 생긴다. 그러나 우리는 약속을 쉽게 하고 또 쉽게 저버린다. 약속이 깨지면 다른 사람의 계획은 틀어지고 비워놓았던 시간은 낭비된다. 남의 시간과 계획에 피해를 주는 것이다. 신중하게 약속하고 꼭 지키는 습관을 들여야 하겠다.

* 여러분은 약속을 잘 지키는 편인가?
* 약속을 미루거나 깨는 이유는 무엇 때문인가?
* 약속을 지키는 일은 왜 중요한가?

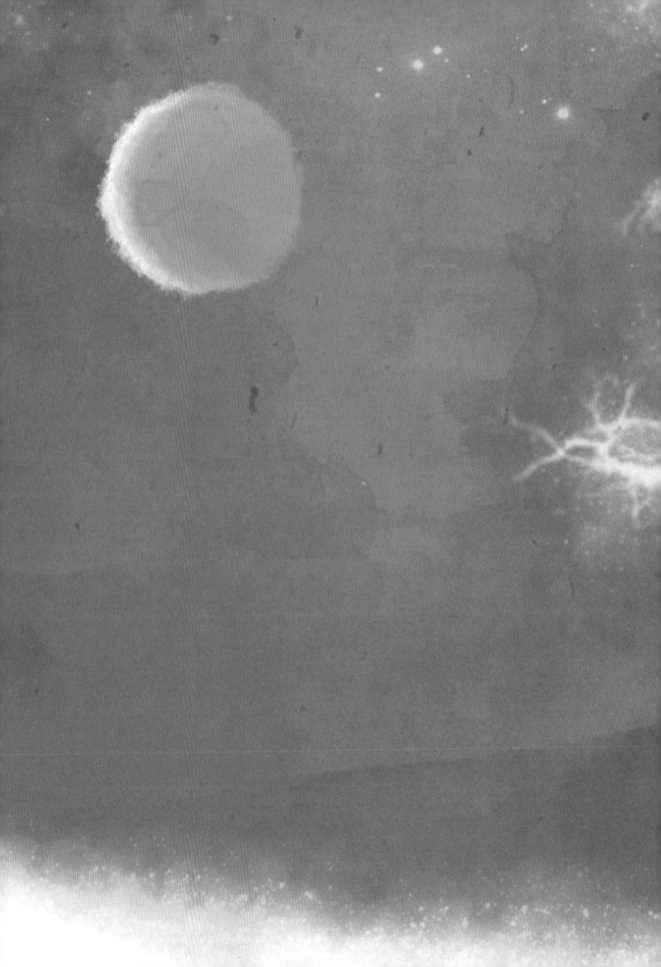

풍요로운 자산, 감성

 감성이란 느끼는 것을 말한다. 아름다운 것을 보고 감동하거나 슬픈 것을 보고 눈물 흘리는 것, 즉 마음의 울림이다.

감성이 풍부한 사람은 세상을 가슴으로 받아들이기 때문에 다른 사람을 이해하고 배려하며 함께 어울리려고 한다. 자기의 마음이 따뜻하니 세상을 여유롭고 행복하게 살아갈 가능성이 높다. 냉철하고 정확한 판단력인 이성 못지않게 중요한 것이 감성이다.

49

나는 휴대전화나 컴퓨터에 노예처럼 얽매이지 않겠습니다

I will not be a slave to my cell phone or computers.

'손 안의 컴퓨터'로 불리는 스마트폰이 널리 보급되면서 전화기를 손에서 떼지 못하는 사람이 늘고 있다. 친구들과 이야기를 하면서도, 길거리에서도, 밥을 먹으면서도, 심지어는 잠자리에 누워서도 스마트폰을 들여다본다. '엄마한테 잔소리 들을 때만 전화기를 손에서 내려놓는다'는 우스갯소리도 있다.

10~30대는 평균 3~6분에 한 번씩 전화기를 만진다는 통계가 있다. 행정안전부가 조사한 '2011년도 인터넷 중독 실태조사'에 따르면 인터넷 중독률은 7.7%, 스마트폰 중독률은 8.4%로 조사됐다. 인터넷 중독자의 25%는 스마트폰에도 중독된 것으로 나타났다. 10대만 따로 분류하면 중독률은 더 올라간다.

휴대폰이나 인터넷은 일상생활을 편리하게 만들어준 기계이다. 그러나 무엇이든 지나치면 독이 된다. 휴대폰을 많이 사용하면 주의력이 부족해지고 충동적인 증상을 보일 수 있다. 자세가 바르지 않아 목이나 척추가 구부정하게 되고, 시력에도 이상이 오며, 성장기 청소년의 성장을 방해할 수도 있다. 생각할 시간이 줄어들어서 점차 기억력이 떨어지는 디지털 치매 현상의 원인이 되기도 한다.

전문가들은 공부를 할 때나 중요한 일을 할 때는 전화기를 꺼두거나 음소거 모드로 바꾸어 놓으라고 말한다. 밥을 먹거나 책을 읽을 때도 전화기를 멀찍이 떨어뜨려 놓는 것이 좋다. 휴대전화나 컴퓨터는 사람이 만든 기계이고 우리는 그것들의 주인이다. 그런데 반대로 마치 노예처럼 꼼짝 못하고 매어 있는 일이 있어서는 안 되지 않겠는가.

이야기
나눠 보기

* 여러분은 스마트 기기를 하루에 몇 시간쯤, 어디에 사용하는가?

* 스마트 기기의 장점과 단점은 무엇이라고 생각하는가?

* 스마트 기기 중독에서 벗어나는 방법에 대해서 이야기해 보자.

50

나는 취미생활을 할 때에도 매 순간 최선을 다하겠습니다

I will try my best in all the things that I do.

영국의 수상 윈스턴 처칠(Winston Leonard Spencer Churchill, 1874~1965년)은 제2차 세계대전 때 연합국을 승리로 이끄는 데 기여했다. 『제2차 세계대전 회고록』으로 1953년 노벨문학상을 받았다. 독서를 좋아해 "책과 친구가 되지는 못해도 알고 지내는 것이 좋다."는 말을 남기기도 했다.

처칠은 취미생활을 제대로 즐긴 사람으로도 유명하다. 자신의 저서에 "진정으로 행복하고 안정된 삶을 살려면 두세 가지의 취미는 갖고 있어야 한다."라고 쓰기도 했다. 처칠의 취미는 독서와 그림 그리기였다. 특히 수채화 그리기를 좋아했다. 제1차 세계대전 때 중요한 작전 실패로 해군장관직을 사퇴했을 때 시골에서 수채화를 그리며 시간을 보냈다. 처칠은 그림 때문에 마음의 평화와 희망을 잃지 않았다고 고백했다. 그 뒤로도 처칠의 그림 그리기는 계속됐다. 업무에서 오는 중압감을 해소하는 데 그보다 더 좋은 방법이 없었기 때문이다.

취미를 즐기는 사람들은 취미가 일상생활에 큰 도움이 된다고 말한다. 스트레스를 씻을 수 있어서 일주일을 힘차게 보낼 활력소가 생기는 셈이다. 청소년기에 평생을 두고 즐길 수 있는 취미생활을 찾는 것도 아주 중요한 일이다.

* 여러분은 어떤 취미를 갖고 있는가?
* 취미생활의 이로운 점은 무엇인가?
* 취미를 즐기지 않는다면 그 이유는 무엇인가?

51

웃음으로 내 얼굴과 마음을 환하게 가꾸겠습니다

I will light up my face and mind with a smile.

흑인 노예 해방을 이끌어낸 미국 대통령 링컨은 성공가도를 달려온 사람으로 보이지만 사실 그의 삶은 퍽이나 힘겨웠다. 사업이나 정치에서 실패를 연속했고 가정생활도 그리 행복하지 않았다. 링컨의 아내는 소문난 악처였으며 어린 자녀를 먼저 떠나보낸 일도 있다. 심각한 우울증으로 고생도 많이 했다.

링컨에게는 정치적인 적도 많았다. 특히 스티븐 더글러스와는 평생을 대립했다. 둘은 어느 해 상원의원 선거에 나란히 입후보해 청중들 앞에서 연설할 기회가 있었다. 더글러스가 먼저 연설대에 올라 링컨을 깎아내렸다.

"여러분! 링컨 후보에게 속지 마십시오. 그는 두 얼굴을 가진 이중인격자입니다."

다음으로 연설대에 오른 링컨이 말했다.

"여러분! 제가 두 얼굴을 가졌다면 이런 자리에 이 얼굴로 나오겠습니까?"

링컨은 얼굴이 못생겼다고 한다. 자기의 약점까지 유머로 승화시킨 링컨이 사람들의 호감을 얻었음은 말할 것도 없다. 링컨의 유머에 관한 일화는 또 있다. 백악관에서 구두를 닦고 있는 링컨에게 한 기자가 물었다.

"아니, 대통령께서 자기 구두를 직접 닦으십니까?"

"내 구두를 닦지 않으면 대통령은 남의 구두만 닦으라는 말이오?"

링컨은 자기에게 웃음마저 없었다면 인생의 어려움을 이기지 못했을 것이라고 고백했다. 온갖 어려움과 정신적인 괴로움을 웃음과 유머로 이겨내었던 것이다.

사람들은 누구나 행복하게 살고 싶어 한다. 그러면서 왜 웃음을 아끼는지 모를 일이다. 세상에 웃는 얼굴만큼 보기 좋은 모습은 없다. 자주 웃는 사람은 눈빛도 부

드럽고 마음도 따뜻하다. 웃음은 신체와 장기에 긍정적인 역할까지 한다. 웃음이
값이 싼 만병통치약이라는 말은 과장이 아니다.

* 여러분은 자주 웃는 편인가?
* 웃음은 어떤 점에서 긍정적인가?
* 웃음이 생활을 하면서 방해가 될 때도 있을까?

52

나와 주위 사람을 행복하게 만드는 사람이 되겠습니다

I will become someone who benefits both myself and the others around me.

『우동 한 그릇』은 일본 작가 구리 료헤이(1954년~)가 쓴 동화로 원래의 제목은『한 그릇의 가케소바』이다. 가케소바는 일본인이 좋아하는 메밀국수를 가리킨다.

내용은 이렇다. 15년 전 섣달그믐(12월 31일), 밤 10시가 넘은 시각, 삿포로에 있는 우동 가게에 행색이 초라한 부인이 두 아들과 함께 들어왔다. 부인은 미안한 표정으로 우동 한 그릇을 시켰다. 무뚝뚝한 주인집 사내는 아내 몰래 우동 반 덩이를 더 넣어 삶았다. 세 식구는 맛있게 우동을 나누어 먹고 나갔다. 주인 내외는 손님의 등 뒤에 대고 "고맙습니다! 새해 복 많이 받으세요!"라고 외쳤다.

세 사람은 다음해 섣달그믐에도 찾아와 우동 1인분을 시켰다. 마음씨 좋은 가게 안주인은 공짜로 우동 3인분을 주자고 했지만 남편은 그렇게 하면 손님들이 부담스러워서 다시는 오지 않을 거라고 반대했다.

또 그 다음 해, 그들은 우동 2인분을 시켰고 주인은 3인분을 삶았다. 그 가족은 세상을 떠난 아버지가 일으킨 사고로 많은 빚을 지고 있었는데 그날로 모든 빚을 청산했다고 했다. 작은 아들은 학교 글짓기 대회에 '우동 한 그릇'을 출품했는데, 그 글에는 우동 가게 주인의 '고맙습니다! 새해 복 많이 받으세요!'라는 인사가 '지지 마라! 힘 내! 살아갈 수 있어!'라는 말로 들렸다고 쓰여 있었다.

그 날을 마지막으로 몇 해 동안 세 사람은 우동 가게에 나타나지 않았다. 주인은 예약석까지 만들어두고 기다렸지만 허사였다. 또 다시 몇 해가 지난 섣달그믐 밤, 마을 사람들이 우동 가게에 모여서 떠들썩한 모임을 갖고 있었다. 얼마나 시간이 지났을까, 신사복을 입은 청년 둘이 들어왔다. 그들 뒤에 서 있던 부인이 수줍게 우

동 3인분을 시켰다. 우동 가게 주인이 기다리던 바로 그 사람들이었다.

부인은 우동에 용기를 얻어 열심히 살아갈 수 있었다며 다른 곳으로 이사하는 바람에 찾아오지 못했다고 말했다. 그동안 큰 아들은 대학병원 소아과 의사가 되었고 작은 아들은 은행원이 되어 있었다. 세 가족은 자기들의 가장 사치스러운 계획을 실행하려고 여기에 왔다고 말했다. 그 계획은 어머니를 모시고 3인분의 우동을 시키는 것이었다.

주인이 몰래 넣은 반 덩이, 한 덩이의 우동을 세 가족은 알아차렸을 것이다. 그랬으니 따뜻한 인사말에 담긴 응원의 마음도 알아챈 것이리라. 누군가의 작은 배려는 다른 사람에게 큰 힘을 준다. 말하지 않아도 따뜻한 마음은 전달되는 법이다.

* 여러분은 타인의 배려에 감동한 경험이 있는가?
* 배려가 필요한 이유는 무엇일까?

53

때때로 나는 세상을 두루 경험할 수 있는 여행을 하겠습니다

I will experience other cultures of the world's.

프랑스의 공군 비행사이자 작가인 생텍쥐페리(Antoine de Saint-Exupéry, 1900 ~1944년)가 쓴 『어린왕자』는 세계적인 명작이다. 이야기 속 어린왕자는 B612라는 작은 행성에 혼자 살고 있다. 왕자는 화산을 청소하고 어린 바오밥 나무의 싹을 미리 뽑아 버리는 일을 한다. 어느 날 어린왕자는 작은 풀들 사이에서 가시가 달린 귀여운 꽃을 발견했다. 그러나 꽃은 까다롭게 굴었고 어린왕자를 귀찮게 했다. 왕자는 별을 떠나 여행을 하기로 결심하고 여러 행성을 거쳐 지구의 사막에까지 오게 되었다.

왕자는 사막에서 만난 여우로부터 '관계'에 대해서 배운다. 서로 길들이면 세상에서 단 하나뿐인 것이 되고, 서로를 길들이기 위해서는 인내가 필요하며, 길들인 것에 대해서는 책임이 있다는 말을 한다.

"난 꽃에게 책임이 있어."

어린 왕자는 길고 먼 여행을 끝내고 돌아갈 때가 되었음을 깨닫는다. 먼 여행길에서 꽃의 소중함을 느꼈으니 한시라도 빨리 돌아가고 싶어진 것이다.

『어린왕자』는 여행의 중요성을 말하는 소설은 아니다. 그러나 이 책을 통해서 여행이 주는 가치를 되새겨 볼 수 있다. 실제로 여행은 사람들에게 일상을 다시 살아갈 힘을 준다.

『연금술사』를 쓴 파울로 코엘료(Paulo Coelho, 1947~)는 전 세계에 수많은 독자를 갖고 있는 브라질의 작가이다. 파울로 코엘료의 젊은 시절은 불안하고 거칠었다. 엄격한 부모님에 의해 세 번이나 정신병원에 가야 했고 히피 문화에 심취하기

도 했다. 여행을 시작한 것도 그때이다. 파울로 코엘료는 여행경비가 충분하지 않아도 먹고 자는 데 문제가 없었다면서, 여행을 통해 자립하는 법을 배웠고 열린 마음으로 타인을 대할 수 있게 되었다고 하였다. 작가가 되기로 결심한 것도 38세 되던 해 산티아고 순례길에서였다.

여행을 꼭 멀리 가야 하는 것은 아니다. 청소년기에는 익숙한 곳을 혼자 다녀보는 것도, 집을 떠나 친척집에서 하룻밤 묵어보는 것도 새로운 여행 경험이 될 수 있다.

* 여행이 주는 즐거움에는 어떤 것이 있을까?
* 여행이 주는 긍정적인 효과에 대해 말해 보자.
* 여러분이 꿈꾸는 여행에 대해서 이야기해 보자.

54

다양한 문화예술을 경험하여 교양을 쌓고 성숙의 기회로 삼겠습니다

I will feed my soul by experiencing many different cultural and artistic activities.

백범 김구(1876~1949년) 선생은 우리나라가 문화강국이 되기를 바랐다.

세계에서 가장 아름다운 나라가 되기를 원하지만, 부강한 나라를 원하는 게 아니라 높은 문화의 힘을 갖고 싶다고 했다. 김구 선생은 문화는 우리 자신을 행복하게 하고 나아가 남에게도 행복을 준다고 하였다. 남의 것을 모방하는 나라가 아니라 높고 새로운 문화의 모범이 되어 진정한 세계평화가 우리나라에서부터 실현되기를 바랐다.

문화는 정서적인 문제를 해결해 주는 힘이 있다고 한다. 문화예술을 접할 때 마음이 순화되어 남을 해치려는 마음이 없어진다는 것이다. 김구 선생이 높은 문화의 힘으로 세계평화를 꿈꾼 것은 근거가 있는 바람이었던 것이다.

과거에 비해 문화생활을 누릴 기회가 많아졌다. 각 지역별로 전시회, 음악회 등이 다양하게 개최되고 있다. 마음만 먹으면 세계 유명 박물관의 전시품도 인터넷으로 감상할 수 있다. 문화, 예술 작품을 자주 접해 미적 감수성도 키우고, 풍요로운 정신세계를 가꾸어 가기 바란다.

* 여러분은 주로 어떤 문화생활을 하고 있나?
* 여러분을 감동시킨 문화, 예술 작품은 어떤 것이 있나?
* 문화생활을 향유하지 못하고 있다면 그 이유는 무엇인가?

55

나는 세상의 진실을 마주하고 바른 시각을 가질 수 있는 체험을 하겠습니다

I will train myself to face the truth in this world and to have an accurate view.

달콤한 초콜릿은 아프리카 어린이들의 땀과 눈물로 만들어진 식품이다. 초콜릿의 원료인 카카오는 서아프리카 지역에서 가장 많이 생산되는데, 이곳의 노동자들 대부분이 어린이이기 때문이다. 농장주인들은 생산 원가를 낮추기 위해 아동을 착취한다. 하루 1달러도 안 되는 급여를 주면서 12시간 이상 일을 시킨다. 노동력을 보충하기 위해 인신매매나 납치도 서슴지 않는다. 이런 카카오로 초콜릿을 만들어서 생긴 이윤의 대부분은 다국적 기업과 유통회사의 몫이다.

이와 같은 비인도적인 현실을 개선하려는 사람들은 뜻을 모아 공정무역을 펼치고 있다. 이윤이 제대로 돌아가지 못하는 문제와 무분별한 농약 사용으로 인한 환경피해를 줄이기 위한 세계적인 시민운동이다. 기부를 통해 돕는 것이 아니라 정당한 값을 지불하고 제품을 사는 무역활동이다. 우리나라에도 공정무역을 통해 커피, 초콜릿, 설탕 등이 수입, 판매되고 있다.

세상에는 우리가 알지 못하는 진실이 이처럼 많이 있다. 그 진실을 바로 알고 관심을 가져야 한다. 작은 관심이 세상을 살 만한 곳으로 바꾸는 첫걸음이 될 것이다.

* 여러분이 알고 있는 아동노동 착취의 사례를 말해 보자.
* 아동노동 착취를 뿌리 뽑기 위해 국제사회가 해야 할 일은 무엇인지 토의해 보자.

56

용돈은 예산을 세워서 알차게 쓰겠습니다

I will spend the money I have wisely.

세계의 부자들은 자녀에게 용돈을 얼마나 줄까? 성공한 스포츠 선수로 꼽히는 카레이서 미하엘 슈마허는 자녀에게 1주일에 2유로의 용돈을 준다고 한다. 한화로 계산하면 3천원이 안 되는 돈이다. 슈마허는 "아이들이 저절로 부자가 되는 게 아님을 깨달아야 한다."고 말한다. 그런 슈마허지만 남아시아에서 지진해일이 일어났을 때는 1천만 달러(약 105억원)를 기부해 모두의 칭송을 받았다.

컴퓨터 기업인 IBM의 회장을 지낸 토머스 왓슨은 아들에게 용돈을 계획 있게 쓰라고 가르쳤다. 아버지의 뜻대로 용돈을 관리하던 아들은 뒷날 IBM의 경영자가 됐다. 미국 석유재벌이자 기부왕인 존 록펠러도 철저한 경제교육으로 이름나 있다. 자녀들은 용돈을 어디에 썼는지 기록해야 했고 만약 내용이 틀리면 용돈을 깎는 벌칙을 받았다.

성인이 되어 경제활동을 하는 사람 가운데는 수입 관리를 못해서 흥청망청하는 경우가 많다. 계획이라는 것이 없으니 신용카드 대금을 내고 나면 저축할 돈은 한 푼도 남지 않게 된다. 합리적인 경제생활을 경험하지 못했기 때문에 벌어지는 일이다.

많고 적음을 떠나서 청소년들에게 용돈은 직장인의 수입과 같다. 따라서 용돈 관리는 자기의 재산을 관리하는 것이다. 한정된 돈을 어디에 써야 할지 미리 예산을 세우고 그에 따라 지출을 해야 한다. 경제를 알뜰하게 관리하는 일은 어려서부터 반드시 습관 들여야 한다.

* 여러분은 용돈 관리를 어떻게 하고 있는가?
* 어떤 일에 용돈을 쓰는가? 용돈을 가장 많이 지출하는 항목은 무엇인가?

풍요로운 자산, 감성 • 137

57

나는 건강을 위해 편식을 하지 않으며
간단한 요리법을 하나쯤 익혀두겠습니다

I will learn how to eat well and cook healthy meals.

제이미 올리버(Jamie Oliver, 1975~)는 영국에서 축구선수 데이비드 베컴만큼 유명한 사람이다. 내세울 만한 음식문화가 없는 영국에서 천재 요리사로 이름을 알렸고 학교 급식을 개선하는 데 앞장섰다.

제이미 올리버가 출연한 텔레비전 프로그램을 보면 영국의 학교 급식은 감자튀김, 치킨너겟 같은 기름에 튀긴 음식이 많다. 심지어 마시멜로를 튀겨주는 곳도 있다. 학교 급식 예산이 충분하지 않아 학생들이 질 나쁜 음식을 먹었다. 이런 음식을 먹으니 영양을 제대로 섭취할 수 없었고 섬유소가 적어 변비에 걸리기 일쑤였다. 그래도 학생들은 맛있어 하며 먹었다.

제이미 올리버는 건강 식단을 만들어 학교에 제공했다. 점심시간에 직접 학교에 가 닭다리 구이나 스파게티 같은 음식을 조리했다. 그러나 제이미 올리버의 음식은 모두 쓰레기통에 버려졌다. 학생들은 급식 시간에 밖에 나가 햄버거를 사먹었다. 고등학생들은 '제이미 올리버는 학교에서 나가라'는 피켓을 들고 시위를 벌이기도 했다. 그래도 제이미 올리버는 포기하지 않고 꾸준히 개선 운동을 펼쳤다. 급식이 개선되고 학생들의 건강은 눈에 띄게 달라졌다. 천식, 아토피, 알레르기 등 원인을 알 수 없는 이상증상이 사라진 것이다.

제이미 올리버는 학생들이 감자튀김은 좋아하면서 정작 감자는 어떻게 생겼는지 모른다고 말한다. 감자튀김을 채소로 분류하는 학생도 많다고 한다. 청소년들이 요리를 할 줄 모르고 패스트푸드만을 찾기 때문에 고도비만으로 성인병을 달고 산다고 지적한다.

우리도 제이미 올리버의 충고를 유념해 들어야 한다. 배가 고프면 패스트푸드점으로 갈 것이 아니라 간단한 요리를 할 수 있어야 한다. 건강하게 활동하려고 음식을 먹는 것인데 그 음식 때문에 오히려 건강을 해쳐서는 안 될 일이다.

* 여러분은 잘하는 요리가 있는가? 요리 방법을 소개해 보자.
* 청소년들이 패스트푸드를 좋아하는 이유는 무엇인가? 그리고 그 폐해에 대해 이야기해 보자.

나는 내 삶의 디자이너

인생에 있어 꿈과 희망은 어느 대학을 가겠다거나, 어떤 직업을 갖겠다는 가까운 장래의 포부만을 가리키지 않는다. 평생을 어떤 마음으로 살아갈 것인지, 고비를 만났을 때는 어떻게 대처할 것인지, 자기의 문제점을 어떻게 개선해나갈지를 궁리하는 것도 희망찬 미래를 가꾸는 데 무척 중요한 일이다.

58

나는 내 인생의 올바른 목표를 세우고 정진하겠습니다

I will set a goal for my life and work hard to achieve the goal.

중국의 전국시대는 여러 나라가 서로 전쟁을 벌이던 때였다. 모든 나라의 희망은 다른 나라를 모두 물리치고 중국 땅을 차지하는 일이었다. 이 시대, 위나라의 계량 이라는 사람은 자기네 왕이 조나라 수도를 공격하려 한다는 소식을 듣고 한걸음에 달려왔다.

"수레의 양쪽에 달린 끌채는 남쪽으로 가고 바퀴는 북쪽으로 가면 어찌 되겠습 니까?"

"마차가 달릴 수 없지 않소! 경이 그렇게 묻는 이유가 무엇이오?"

"군주께서는 패왕을 꿈꾼다고 하셨습니다. 그렇다면 천하를 제패할 생각을 하셔 야지 어찌 작은 나라의 땅에 연연해서 군주의 목표로부터 멀어지려 하십니까?"

중국 땅을 차지하겠다는 원래의 목표를 밀고 나가라는 충고였다. 인생도 이러해 야 한다. 큰 목표를 세우고 차근차근 나가는 것이다. 아무 생각 없이 산다면 끌채는 남쪽으로 가고 바퀴는 북쪽으로 가는 마차처럼 우왕좌왕하게 될 것이다.

* 여러분의 인생 목표는 무엇인가? 그리고 그것은 올바른 것인가?
* 그 목표를 이루기 위해서는 어떤 노력을 해야 하는가?

59

내 마음의 그릇이 큰 그릇이 되도록
노력하겠습니다

I will work hard to become an all-embracing person.

독일에 살던 소년 하인리히 슐리만(Heinrich Schliemann, 1822~1890년)은 크리스마스 선물로 받은 호메로스의 서사시『일리아드』에 큰 감동을 받았다. 일리아드에 나오는 고대 도시 트로이가 어린 소년의 마음을 흔들었다. 당시 사람들은 트로이가 전설이라고 생각했지만 일곱 살 소년 슐리만은 실제로 있던 곳이라 믿었다. 그리고 언젠가 트로이를 발굴해 보물을 찾겠다는 꿈을 가졌다.

가난 때문에 일찍 학교를 그만두고 식품점에서 일을 시작한 슐리만은 낮에 일하고 밤에 공부하는 생활을 이어 나갔다. 특유의 성실함으로 큰 무역회사를 일구어 부자가 된 뒤에도 슐리만은 여전히 트로이를 가슴에 품고 있었다.

그리스어를 배워 일리아드를 꿰뚫다시피 한 슐리만은 책을 근거로 트로이 비슷한 곳을 찾아다녔다. 그리고 마침내 트로이 성터라고 믿을 만한 터키의 히사를리크 언덕을 찾아냈다. 인부를 동원해 첫 삽을 뜬 슐리만은 3년 동안 성과 없이 고생만 했다. 전문가가 아니라는 이유로 고고학계의 비판도 끊이지 않았다. 그러나 일곱 살 소년의 가슴을 움직였던 꿈은 누구도 꺾을 수 없었다.

마침내 전설의 도시는 슐리만에게 모습을 드러냈다. 그 언덕에서 도시의 증거물들이 쏟아져 나왔다. 슐리만은 무려 일곱 도시의 흔적을 발굴할 수 있었다. 원시 시대의 취락지구까지 합하면 언덕에 묻힌 도시는 아홉 개나 되었다.

층층이 쌓인 아홉 개의 도시 가운데 트로이를 찾기 위한 노력이 시작되었고 1873년 6월, 슐리만은 드디어 트로이의 보물을 손에 넣었다. 사람들이 전설로만 여겼던 것이 역사로 세상에 드러나는 순간이었다. 슐리만의 무모할 만큼 원대한 꿈

이 아니었다면 인류 역사에서 트로이 발굴이라는 성과는 없었을지도 모른다.

사람에게 꿈은 매우 중요하다. 모든 성공의 첫걸음은 꿈에서 시작한다. 작고 소박한 꿈도 중요하지만 가슴 속 큰 그릇에 원대한 꿈을 채우는 것도 꼭 필요한 일이다.

* 슐리만의 태도에서 배울 점과 비판할 점은 무엇인지 토의해 보자.
* 여러분은 상상 속에서나 가능한 꿈을 가져본 적이 있는가? 서로 이야기를 나눠 보자.

60
성공과 실패는 함께할 수 있다는 것을 받아들이겠습니다

I will accept that both success and failure come to everyone.

미국의 포드 자동차를 세운 헨리 포드(Henry Ford, 1863~1947년)는 미국 역사상 최고의 경영자로 꼽힌다.

자동차왕으로 불리는 헨리 포드는 최고의 재료, 최고의 기술로 저렴한 자동차를 만들고 싶었다. 노동자나 서민도 자동차를 타고 다니게 하겠다는 게 그의 포부였다. 그 꿈은 1901년 'T형 포드'를 대량생산하면서 이루어졌다. 헨리 포드는 생산 공정을 자동화해서 자동차 가격을 크게 낮추었다. 당시 미국의 자동차 가격이 2,000~3,000달러였던데 비해 T형 포드는 절반도 안 되는 850달러에 불과했다.

헨리 포드는 꿈을 이루었고 경제적인 성공도 거두었지만 이는 여러 번의 실패 끝에 거둔 열매였다. 그는 파산으로 쓰라린 아픔을 맛보아야만 했다. 그러나 그는 실패에서 좌절하지 않았고 오히려 기회라며 이렇게 말했다.

"실패는 더욱 현명하게 다시 시작할 기회일 뿐이다. 솔직한 실패에 부끄러움은 없다. 실패를 두려워하는 것이 수치스러운 일이다."

야구에는 '3할의 예술'이라는 말이 있다. 3할대의 타율을 기록한다는 것은 야구선수로서 예술의 경지라는 의미이다. 우리나라에서는 한 해에 10명 정도의 선수가, 미국 메이저리그에서는 30명 정도의 선수가 3할대 타율을 기록한다. 3할대는 30%가 넘는 수치이다. 타자가 열 번 타석에 들어서서 안타를 3번 조금 넘게 친다는 뜻이니 6번은 실패인 셈이다.

실패 없이 성공하는 사람도 있을 것이다. 그러나 대부분은 실패를 딛고 일어선다. 실패가 두려워 움츠리는 사람에게는 성공할 기회도 오지 않는다. 한 번의 실패

에 실망하지 말고 헨리 포드처럼 현명하게 다시 시작할 기회로 삼기 바란다.

* 여러분이 최근에 겪은 실패는 무엇인가?
* 그 실패를 딛고 일어서기 위해 여러분은 어떤 노력을 했나?

61

철 없는 판단으로 나 자신을 위험에
빠뜨리거나 미래에 흠집을 내지 않겠습니다

I will not make silly mistakes that put myself in danger or can ruin
my future.

공자의 손자인 자사子思는 중국의 사서四書 가운데 하나인 『중용中庸』을 쓴 사람이
다. 자사가 하루는 위나라의 왕에게 '구변'이라는 사람을 장수로 추천했다.

"구변은 재능이 출중해 많은 군사를 거느릴 만하니 장수로 임명하심이 좋겠습
니다."

그러나 위나라 왕은 고개를 저었다.

"그가 재목인 줄은 나도 알지만 장수 임명은 안 될 말이오. 구변이 관리 생활을
할 때 달걀 두 개를 횡령한 적이 있기 때문이오."

자사는 전쟁과 같은 위험한 시기에는 인재를 잘 써야 한다며, 작은 실수 때문에
훌륭한 사람을 놓치지 말라고 조언했다. 위나라 왕도 마침내는 자사의 조언을 받아
들였다.

자사의 말대로 한때의 작은 실수를 빌미로 기회를 박탈하는 것은 문제가 있다.
작은 실수는 관용으로 감싸주는 것도 지도자의 미덕이다. 그러나 달리 생각하면 이
일화는 한때의 작은 실수가 중요한 순간에 발목을 잡을 수도 있음을 깨닫게 한다.

요즘 우리나라의 고위직 공무원이나 국회의원 등을 보면 젊은 시절의 이력에서
많은 문제가 발견된다. 실제로 거주하지도 않으면서 주민 등록지를 옮기는 위장전
입이나 논문 표절과 같은 불법행위를 아무렇지도 않게 저지르고 있다. 이 같은 일
은 결코 사소한 실수가 아니다.

과오는 언젠가 드러나게 마련이다. 자기의 인생에 흠집이 될 만한 실수는 저지르
지 않는 판단력을 길러야 한다.

＊ 작은 실수를 저질렀음에도 장수감이라며 추천한 자사의 태도에 대해 토론
해 보자.
＊ 무심코 저지르는 작은 실수나 잘못에는 어떤 것들이 있는지 말해 보자.

62
나는 먼저 깊이 잘 생각한 다음에 말하고 행동하겠습니다

I will always think before speaking and acting.

러시아의 소설가 투르게네프(Ivan Sergeyevich Turgenev, 1818~1883년)는 햄릿형 인간, 돈키호테형 인간이라는 말을 처음 사용했다.

돈키호테는 스페인의 작가 세르반테스(Miguel de Cervantes Saavedra, 1547~1616년)가 쓴 소설 제목이자 주인공 이름이다. 한가로운 시골의 귀족인 주인공은 기사 소설을 즐겨 읽다가 자기가 기사라는 환상에 사로잡힌다. 자기에게 돈키호테라는 이름을 붙이고 길을 떠나지만 사고만 일으키며 사람들에게 조롱당한다.

돈키호테형 인간은 이처럼 깊이 생각하지 않고 즉흥적으로 행동하는 사람을 가리킨다. 생각을 행동에 옮길 때 과감하고 신속한 장점이 있지만 성급한 결정은 늘 실수를 불러온다.

이에 비해 햄릿형 인간은 생각만 하고 정작 실천은 망설이는 사람을 가리킨다. 영국의 희곡작가 셰익스피어(William Shakespeare, 1564~1616년)의 작품명이자 주인공 이름이다. 햄릿은 자기 아버지를 죽이고 어머니와 결혼한 숙부에게 복수를 해야 하지만 생각이 복잡하다. '사느냐 죽느냐, 그것이 문제로다' 하며 망설이기만 할 뿐 실행에 옮기지 못한다. 햄릿형 인간은 신중하게 생각하기 때문에 시행착오를 줄일 수 있지만 실천을 하지 못한다는 문제가 있다.

어떤 일을 할 때 햄릿이나 돈키호테의 태도는 모두 문제를 안고 있다. 가장 바람직한 것은 햄릿과 돈키호테의 태도를 절충하는 것이다. 생각은 햄릿처럼, 실천은 돈키호테처럼, 어떤 일을 할 때 이처럼 좋은 방법이 또 있을까.

* 여러분은 햄릿형 인간인가, 돈키호테형 인간인가? 아니면 그 중간인가?
* 그렇게 판단한 이유에 대해 구체적인 예를 들어 이야기해 보자.

63

새로운 일을 계획할 때 앞일을 예상하고 대응 방법도 함께 생각해 보겠습니다

When I make plans for the future, I will also think about how to respond to different occasions that may arise.

애플의 창업자 스티브 잡스(Steve Job, 1955~2011년)가 이런 말을 했다.

"소크라테스와 반나절을 보낼 수 있다면 우리 회사의 기술을 다 주어도 아깝지 않다."

스티브 잡스가 소크라테스를 이렇게 치켜세우는 이유는 IT 산업에서 인문학을 중요하게 여긴다는 뜻이다. 인문학은 기술만으로 해결할 수 없는 상상의 세계를 보여주기 때문이다. 특히 스티브 잡스가 언급한 소크라테스는 독특한 질문법으로 사고 능력을 일깨운 철학자이다. 세계적으로 이름을 알린 경영자들은 대부분 소크라테스식 질문법에 능통했다고 한다. 세태를 반영한 듯 미국의 하버드 대학에서는 소크라테스식 질문법을 가르친다고 한다.

소크라테스식 질문법이란 끝없이 되풀이해 묻는 것을 말한다. 끊임없이 '왜?'라고 물으면서 대답을 찾다보면 문제에 대한 분석과 효과적인 해결 방법을 찾을 수가 있다.

'그것을 다른 방식으로 표현할 수는 없나?'

'그것의 문제는 무엇인가?'

'그것은 누구에게 도움이 될까?'

'그것을 확대하면 어떤 결과가 나타날까?' 등등.

우리도 어떤 일을 계획할 때 소크라테스식 질문법을 활용할 필요가 있다.

'그 일을 할 때 문제점은 없는가?'

'문제가 생기면 어떻게 해결할 것인가?'

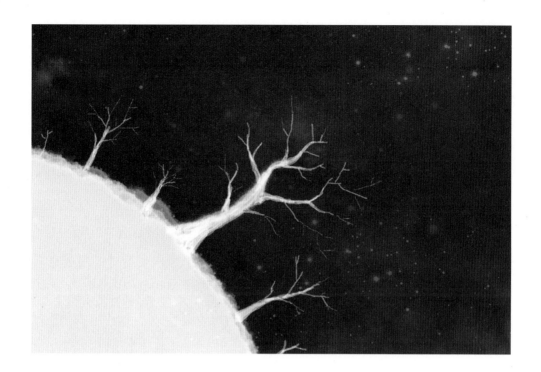

'새로운 해결책은 아무 문제가 없나?'

이처럼 끝없이 질문하고 대응 방법을 찾으면서 일을 진행하는 과정에서 일어날 변수를 점검해 보는 것이 좋다. 결과에 이를 때까지 시행착오를 줄이는 효과가 있을 것이다.

* 소크라테스식 질문법의 문제는 없을까?
* 가상의 목표를 설정해 놓고 소크라테스식 질문법을 활용하여 나타날 문제점과 대응 방법을 논해 보자.

64

한번 시작한 일은 어려운 상황이 생겨도
끝까지 최선을 다하겠습니다

No matter how many challenges arise, I will always do my best
until the very end.

42.195km를 달려야 하는 마라톤에서 가장 힘든 구간은 30km를 돌파하는 지점이라고 한다. 그때 갑작스런 체력 저하가 생기기 때문이다. 몸속의 당분이 떨어져 다리가 후들거리고 세상은 온통 구름이 낀 것처럼 흐릿해 보인다. 사람들은 이것을 '마라톤벽'이라고 부른다. 이 때문에 선수들은 마라톤을 두 개의 경기로 생각하고 작전을 짠다. 32km 구간을 달릴 때의 작전과 마지막 10km를 달릴 때의 작전을 달리 짜고 경기에 임한다.

곰곰이 생각해 보면 세상 모든 일이 마라톤과 같다. 일을 하다 보면 문제없이 잘 나가다가도 마라톤벽과 같은 장애물을 만날 수 있다. 너무나 단단해서 절대로 넘을 수 없을 것 같은 벽이다. 벽을 넘는 시도를 하느냐, 포기하느냐의 갈림길에서 고민은 깊어갈 것이다. 그러나 마라톤벽을 넘어야 완주의 영광을 누릴 수 있는 것처럼, 어려움을 만났을 때 주저앉지 않고 최선을 다하는 용기가 필요하다.

이야기 나눠 보기

* 여러분은 어떤 일을 할 때 포기가 빠른 편인가, 끝까지 최선을 다하는 편인가?
* 마라톤벽 앞에서 포기하는 것이 아쉽기만 한 결정일까?

65

나는 공부를 할 때
짧은 시간이라도 집중하겠습니다

Even if I study for a short while, I will stay focused.

독일의 물리학자 뢴트겐(Wilhelm Conrad Rontgen, 1845~1923년)은 X선을 발견한 공로로 1901년, 제1회 노벨물리학상을 받았다. 인류의 과학사를 바꿀 만한 위대한 발견이었다.

뢴트겐은 학창시절 그리 뛰어난 학생이 아니었다. 고등학교 때는 선생님의 얼굴을 우스꽝스럽게 그린 친구의 이름을 밝히지 않아 퇴학을 당했다. 그래서 고등학교 졸업장이 없어도 되는 취리히 연방 기술전문학교에 입학했다. 그리고 교수님의 조언에 따라 물리학을 공부했다.

물리학을 통해 공부의 재미를 느낀 뢴트겐은 밤을 새워가며 관찰과 실험에 매달렸다. 뢴트겐의 몰입은 대단했다. 물리학을 공부한 지 1년 만에 박사학위를 받을 정도였다. 이에 보람을 느낀 뢴트겐은 더욱 집중해 공부함으로써 마침내 X선을 발견했다. 이 발견으로 의사들은 칼을 대지 않고 사람의 몸속을 관찰할 수 있게 되었다. 뢴트겐은 X선을 특허 내서 큰돈을 벌어보자는 기업가의 제안도 그 자리에서 거절했다. 원래 자연에 있던 것을 발견했으니 공공의 재산이라는 게 뢴트겐의 생각이었다. X선은 자기가 좋아하는 일을 만나 놀라운 집중력을 보여 준 뢴트겐이 인류에게 준 큰 선물이었다.

일상생활에서 집중력을 기를 때 좋은 방법으로 명상이 있다. 명상은 여러 가지 스트레스를 없애주고 마음을 평안하게 하여 집중력을 키우는 데 도움이 된다. 하루에 10분만이라도 명상을 하는 습관을 들여 집중력을 키워보기 바란다.

* 집중력을 방해하는 요인은 어떤 것들이 있나?
* 집중력을 키우는 데 도움이 되는 방법들에 대해서 이야기해 보자.

66

나는 단편적인 지식 습득보다는 끝없이 질문하고 탐구하는 습관을 들이겠습니다

Instead of just accepting what I read or hear, I will ask questions and explore.

레오나르도 다빈치(Leonardo da Vinci, 1452~1519년)는 예술, 수학, 과학 등 여러 분야를 넘나들며 재능을 보였다. 끝없는 호기심과 탐구, 관찰을 통해 이뤄낸 성과이다.

다빈치는 화가로서 스무 점 정도의 작품을 완성했다. 그러나 그가 작성한 스케치북과 노트는 수천 페이지가 남아 있다. 다빈치의 탐구, 관찰 노력이 어느 정도였는지를 짐작하게 하는 부분이다. 다빈치는 그림을 정확하게 그리기 위해 인체를 연구하고 몸속 모형을 만들었으며 조류와 곤충의 관찰에도 시간을 투자했다.

밀라노의 산타마리아 델레 그라치 수녀원 식당 벽을 장식한 「최후의 만찬」은 1495년에 시작해 2년에 걸쳐 완성한 작품이다. 이 그림 속에는 원근법, 인체구조, 건축, 색에 대한 다빈치의 연구 결과가 총체적으로 담겨 있다. 그림 속 예수와 열두 제자의 다양한 얼굴 생김도 다빈치의 연구 결과였다. 제자들의 표정을 그리기 위해 다빈치는 성경을 읽고 일일이 그들의 성격을 파악했으며 성격에 따라 얼굴 표정이 어땠을까를 연구했다.

다빈치의 왕성한 지적 호기심이 작품의 완성을 방해했다는 비판도 있다. 「모나리자」에서 볼 수 있듯이 다빈치의 작품에는 미완성이 많기 때문이다. 그러나 다빈치의 끝없는 탐구심과 전체를 보는 종합적인 사고가 독특한 예술 세계를 이루었음은 부인할 수 없을 것이다.

＊ 다빈치처럼 여러 방면에 재능을 보이는 사람의 좋은 점과 나쁜 점을 말해
보자.

＊ 여러분은 탐구심이 뛰어난 편인가?(그렇지 않다면 원인이 무엇이라고 생각하나?)

67

수많은 정보 속에서 올바른 정보를 골라내는 안목을 키우겠습니다

I will develop an ability to pick out the best data from the flood of information.

'카더라 통신'이라는 속어가 있다. 출처와 근거가 불분명한 정보, 사실이 뒷받침되지 않은 정보를 가리키는 말이다. 21세기의 문화혁명이라는 인터넷 시대, 정보는 홍수처럼 넘쳐나지만 부정확한 정보 또한 넘쳐나고 있다. 문제는 사람들이 정확하지 않은 정보를 사실로 믿는다는 것이다. 특히 요즘 트위터, 페이스북, 카카오톡 같은 소셜네트워크서비스(SNS)를 통해 올바르지 않은 정보가 순식간에 퍼지고는 한다.

SNS에서 호기심 생기는 정보를 발견했더라도 그것이 사실인지를 따져보는 노력을 해야 한다. 과제를 할 때 인터넷에서 정보를 찾으면서 어떤 것이 근거 있고 정확한 것인지를 분별해 낼 수 있는 안목을 키워야 한다.

"누가 ~카더라." 하는 말을 널리 퍼트려놓고 사실이 아니라고 밝혀졌을 때 "아니면 말고" 하는 식의 대응은 실로 무책임하기 짝이 없는 행동으로 비난받아 마땅하다.

이야기
나눠 보기

＊ 사실이 아닌 소문을 말이나 SNS, 인터넷 등을 통해 옮겨본 일이 있는가?

＊ 인터넷에서 올바른 정보를 찾기 위한 비법이 있으면 소개해 보자.

68
나는 평소에도 시간을 효율적으로 관리하겠습니다

I will manage my time wisely and efficiently.

시간이 화폐인 세상이 있다. 사람들은 팔뚝에 초록색 바코드의 생체시계를 갖고 다니며 커피 한 잔에 3분, 버스요금으로 2시간, 자동차 한 대 값으로 59년을 지불한다. 갖고 있는 시간을 모두 써 버리면 사망이다. 목숨을 연장하기 위해서는 상속을 받거나 남의 시간을 훔쳐야 한다. 2011년에 개봉한 저스틴 팀버레이크 주연의 영화 「인 타임In Time」의 내용이다.

가난한 사람들은 시간을 벌기 위해 밤낮으로 일하면서도 빠듯한 시간 때문에 동동거린다. 밥을 먹는 데도 시간이 필요하고 전화를 거는 데도 시간이 필요하다. 엄마를 만나야 하는데 버스비가 없어서 달려가다가 시간이 떨어져 죽을 판이다. 반면 부자들은 남는 시간을 주체하지 못해 500년을 걸고 도박판을 벌인다.

다행히도 현실은 영화와 같지 않다. 화폐의 불평등은 물론 존재하지만 시간은 부자에게나 가난한 사람에게나 똑같이 주어진다. 주어진 시간을 효율적으로 관리해서 시간 부자가 될 것인가, 낭비하고서 늘 시간이 없다고 투덜대는 시간 가난뱅이가 될 것인가는 우리의 선택에 달려 있다.

이야기
나눠 보기

* 여러분만의 시간관리 비법이 있으면 이야기해 보자.
* 만약 여러분에게 24시간의 시간만이 남아 있다면 무엇을 하겠는가?

69

인생의 지침으로 삼을 수 있는 좌우명을 정해 마음에 새기고 실천하겠습니다

I will hold onto a good quotation and examine its lessons for my life.

율곡 이이(1536~1584년)는 퇴계 이황과 함께 조선을 대표하는 사상가이자 정치가이다. 13살에 진사시에 합격한 뒤로 9번이나 과거에 장원급제했으며 임진왜란을 앞두고 십만 병사를 양성하자는 주장을 펼쳤다.

율곡의 인생에서 빼놓을 수 없는 사람은 어머니 신사임당이다. 율곡은 16살에 훌륭한 스승이자 자애로운 어머니를 여의고 시름에 빠졌다. 3년 상을 치르고도 슬픔이 가시지 않아 금강산에 들어가 불교에 심취했다. 일 년 뒤에 강릉 오죽헌으로 돌아온 율곡은 「자경문自警文」이라는 인생의 지침서를 쓰고 삶의 이정표를 세웠다.

자경문은 11가지 내용으로 이루어져 있다.

"뜻을 크게 가져야 한다, 말을 간략하게 한다, 마음을 안정시킨다, 혼자 있을 때 도리에 어긋나지 않도록 조심한다, 하루의 일과를 미리 생각한 연후에 책을 읽는다, 재물에 대한 욕심을 조심한다, 해야 할 일과 해서는 안 될 일을 가린다, 정의를 가슴에 담는다, 나 자신을 돌이켜보고 반성한다, 잠을 잘 때를 제외하고는 눕지 않는다, 죽을 때까지 공부한다" 등이다.

스물의 나이에 스스로 세운 이정표는 율곡의 삶에 좋은 동반자가 되었을 것이다.

좌우명은 내 생활을 보람 있게 살기 위한 기준이 되는 말이다. 인생의 방향을 올바로 이끌어 주고 자아를 실현하는 데 도움이 된다. 좌우명은 널리 알려진 명언을 골라도 되고 자기의 신념을 잘 정리해서 써도 좋다. 율곡처럼 인생의 목표와 가치를 정해두고 좌우명으로 삼는 것도 보람 있는 일이 될 것이다.

* 여러분의 인생 좌우명은 무엇인가? 그 말의 의미를 소개해 달라.
* 앞으로 인생 좌우명으로 삼고 싶은 말과 그 이유에 대해 이야기해 보자.

70

내가 존경하는 분의 올바른 가치관과 행동을 본받겠습니다

I will study the philosophy and achievements of those I look up to.

1968년 어느 날, 캐나다의 토론토에 있는 한 영화관에서 「2001년 스페이스 오디세이」가 상영되고 있었다. 이 영화는 인공지능과 우주생활을 다루고 있는 공상과학(SF) 영화이다. 특수효과를 사용해 우주의 모습을 생생하게 옮겨놓았는데, 이 같은 특수효과는 당시로서는 매우 획기적인 일이었다. 이 영화는 1968년, 아카데미 시상식에서 시각 부문상을 받았다.

토론토의 영화관에서 이 영화를 관람하던 사람 중에 열네 살 먹은 소년이 하나 있었다. 소년은 미래를 다룬 이 영화에 푹 빠졌다. 이야기는 이해하기 어려웠지만 사실적인 특수효과, 철학이 담긴 대화가 퍽 인상적이었다.

그날로 스탠리 큐브릭과 「2001 스페이스 오디세이」는 소년의 역할 모델이 되었다. 특수효과가 담긴 공상과학 영화를 만들겠다는 꿈을 갖게 된 것이다. 이 소년의 이름은 제임스 카메론(James Cameron, 1954~)이었다. 「터미네이터」, 「에이리언2」, 「타이타닉」, 「아바타」까지, 만드는 영화마다 흥행을 기록하는 세계적인 감독이 되었다.

스티븐 스필버그(Steven Allan Spielberg, 1946~) 감독도 스탠리 큐브릭을 역할 모델로 삼은 사람이다. 이 두 감독은 스탠리 큐브릭의 「2001 스페이스 오디세이」 덕분에 자신들의 SF 영화가 나올 수 있었다는 말을 자주 했다.

제임스 카메론이나 스티븐 스필버그의 사례에서 보듯이 역할 모델이 있다는 것은 구체적인 목표가 생긴다는 점에서 긍정적이다. 그렇다고 그 사람의 모든 것을 무조건 모방하고 추종하라는 뜻은 아니다. 역할 모델의 가치관이나 업적을 목표로

삼아 노력하는 과정이 중요한 것이고, 게다가 좋은 결과까지 얻는다면 금상첨화일
것이다.

＊ 여러분의 역할모델은 누구인가? 역할모델로 선정한 이유는 무엇인가?
＊ 정해둔 사람이 없다면 역할 모델을 삼고 싶은 사람을 생각해 보고, 어떤 점
　을 닮고 싶은지 이야기해 보자.

71

내가 좋아하는 일, 잘하는 일, 세상에 도움되는 일을 직업 선택의 기준으로 삼겠습니다

For a career, I will examine what I like, what I am good at, and whether it will help others in the world.

2009년, 호주 퀸즈랜드주 관광청은 전 세계를 대상으로 특별한 이벤트를 벌였다. 퀸즈랜드에 있는 해밀턴 아일랜드에서 일할 직원을 뽑는 이벤트였다. 직원의 업무는 수영장 청소, 우편물 수거, 물고기 먹이주기와 그곳에서 일어나는 일을 블로그에 올리는 것이 전부였다. 이 같을 일을 하고 받는 보수는 6개월 동안 한국 돈으로 1억 원이 넘었다. 사람들은 6개월간 놀고 먹고 즐기는 대가로 1억 원 이상을 벌 수 있는 꿈의 직업이라며 호기심을 보였다.

냉정하게 생각해 보자. 세상에 놀고 먹고 즐기는데 돈까지 쥐어주는 꿈의 직장, 꿈의 직업이 과연 있을까? 일시적인 이벤트가 아니라면 세상에 이런 직업은 결코 없다.

사람들은 직업이 살아가는 데 필요한 돈을 버는 수단이라고 생각한다. 틀린 말은 아니다. 의식주를 해결하기 위해서는 돈을 벌어야 한다. 그러나 직업을 오로지 경제적인 수단만으로 여겨서는 안 된다.

직업은 한 사람의 정체성이다. 청소년들의 정체성이 현재 학생이라면 나중에는 교사, 회사원, 공무원, 디자이너 등의 직업이 그 사람의 정체성이 된다. 직업은 또 개인이 사회의 구성원으로 살아가는 데 꼭 필요한 요소이기도 하다. 직업이 없어 집에서만 지낸다면 사회구성원으로서의 소속감을 갖기가 어렵다.

청소년들은 직업을 선택할 때 능력 발휘와 보수를 중요한 요소로 생각한다는 발표가 있었다. 특히 돈을 많이 버는 직업에 관심이 높다. 그만큼 우리 사회가 불안정하다는 뜻이기도 하다. 어른들의 잘못이다. 그렇다고 직업의 목적을 오로지 경제적

인 것에만 두면 즐겁게 자아실현을 할 기회가 줄어든다. 직업은 경제적인 문제 해결과 함께, 삶의 의미를 찾는 수단이며 즐거움과 보람을 얻는 방편이라는 점을 기억하자.

* 직업의 의미에 대해서 이야기해 보자. 사람은 직업을 통해서 무엇을 얻을 수 있을까?
* 여러분이 꿈꾸는 직업은 무엇인가?

72

학교는 친구들과 어울리며 더불어 성장하는 곳임을 명심하겠습니다

I will keep in mind that school is where both my friends and I are learning to grow up.

라파엘로(Sanzio Raffaello, 148년~1520년)는 이탈리아 르네상스 시대에 활동한 화가이자 건축가이다. 라파엘로는 바티칸 궁전 벽에 「아테네 학당」을 그렸는데, 이 그림은 플라톤이 세운 아카데미아를 상상해서 그린 그림이다. 그리스 학자들이 오늘날 대학에 해당하는 아카데미아에 모여서 학문을 연구하는 모습은 매우 흥미롭다.

만물의 근원을 불로 본 헤라클레이토스는 책상에 비스듬하게 기대어 생각에 빠져 있고, 거지철학자라고 불리는 디오게네스는 계단참에 눕듯이 앉아서 글을 읽고 있다. 수학자인 피타고라스는 세운 무릎에 노트를 받치고 무언가를 쓰느라 여념이 없고, 유클리드는 기하학(도형이나 공간에 관련된 수학)의 아버지답게 컴퍼스를 이용해 동료들에게 무언가를 설명하고 있다. 모두들 자유롭게 학문을 즐기고 있다는 느낌이 든다.

학교를 뜻하는 영어 스쿨School과 독일어 슐레Schule는 모두 여유를 뜻하는 그리스어 스콜skhole에 뿌리를 두고 있다. 학교란 자유롭게 사색하면서 즐겁게 학문하는 곳이어야 한다는 뜻일 것이다.

학교는 대부분의 청소년이 속해 있는 사회이다. 친구들과 지내며 서로 다름을 이해하고, 의견이 대립할 때 조율하고, 타인을 배려하는 방법을 배우는 곳이다. 옆자리 친구는 경쟁자가 아니라 돕고 화합하는 동료이다. 학교생활이 나중에 어른이 되었을 때 가장 즐거운 추억거리가 될 수 있기를 바란다.

이야기
나눠 보기

※ 사람들이 학교에 다녀야 하는 이유는 무엇일까?

※ 여러분에게 학교는 어떤 곳인가?

※ 학교가 없다면 어떤 일들이 일어날지 상상해서 이야기해 보자.

자녀의 인생을 바꾸는
108가지 이야기

3장

주변과 소통하기

내 삶의 등불, 친구와 스승

대부분의 청소년들이 가정 다음으로 오랜 시간을 보내는 곳은 학교이다. 학교는 살아가는 데 필요한 지식을 배우는 곳이기도 하지만 서로 다른 성격이 만나 조율하고 화해하는 법을 배우며 더불어 성장하는 곳이다. 인생의 동반자가 되어줄 친구를 만날 수 있다는 점은 학교의 가장 큰 미덕이 아닐까 한다.

유대인의 지혜가 담긴 『탈무드』에 이런 말이 있다.

"친구는 인생에 있어 희귀한 보물 중의 하나이다. 그대를 신뢰해 줄 친구를 발견했다면 신께 감사하라."

『탈무드』는 또 친구의 행동에서 배우라고 권한다. 함께 공부하고 조언을 귀담아 듣고 헤어지지 않도록 노력하라고 한다. 인생의 보물을 거저 얻을 수 있겠는가. 그만큼의 배려와 진심이 필요하다는 것을 기억하자.

73

나는 학교 친구들과 즐겁게 생활하고 서로 도와주며 지내겠습니다

I will make school better by making sure that my friends and I help each other out.

부처님의 10대 제자 가운데 한 사람인 아난다가 명상 끝에 깨달음을 얻었다.

'좋은 친구는 참으로 소중해. 만일 내게 좋은 친구가 있고 함께 수행할 수 있다면 수행의 절반은 친구 때문일 거야.'

아난다는 부처님을 찾아가 자기의 생각을 말씀드렸다. 그러나 부처님은 뜻밖에도 이렇게 대답하셨다.

"아난다야. 좋은 친구로 인해 수행의 절반을 이룰 수 있다는 너의 생각은 잘못이다."

아난다는 의아했다. 좋은 친구와 함께 하는 것은 좋은 일이라고 말씀하시던 부처님이 왜 잘못이라고 하는지 이해할 수 없었다.

"아난다야. 네가 좋은 친구와 함께 수행을 한다면, 수행의 절반이 아니라 전부를 이룬 것이나 다름없느니라. 순수하고 원만하고 바른 행동은 언제나 좋은 벗을 따라다니지만 나쁜 벗은 그 반대이니라. 그러니 언제나 좋은 벗과 사귀고 좋은 벗과 함께 있어야 한다."

인생의 좋은 친구를 만나는데 학교만큼 적당한 곳도 없다. 대부분의 청소년들이 가장 많은 시간을 보내고 가장 많은 또래를 만나는 곳이 바로 학교이기 때문이다. 갈등하고 대립하는 대신 화합하고 서로 도우며 멋진 친구를 만들어가기 바란다.

＊ 부모님에게 못하는 말도 친구에게는 자연스레 털어놓는 이유는 무엇인가?
＊ 친구에 대한 정의를 내려 보자. '친구는 ○○ 이다'에서 ○○에 채워 넣고 싶
  은 말은 무엇인가?

74

나는 학교 동아리 활동에 적극적으로 참여하겠습니다

I will participate in extra-curricular activities and different clubs at school.

1938년, 네덜란드 출신의 역사학자인 요한 하위징아(Johan Huizinga, 1872~1945년)가 호모 루덴스Homo ludens라는 말을 처음 사용했다. 호모 사피엔스Homo sapiens가 생각하는 인간이라면 호모 루덴스는 놀이하는 인간이라는 뜻이다.

요한 하위징아는 '놀이란 미치도록 무언가에 열광하고 몰두하는 것'이라고 했다. 강제적인 명령이나 의무감에서 하는 것이 아니라 자발적으로 하는 것이다. 인간이 언어를 발명하고 문명을 일으키고 사회를 만든 것은 모두 놀이에서 비롯되었다. 요한 하위징아에 의하면 고대 그리스의 철학도 사실은 수수께끼 놀이이다. 대답하기 곤란한 질문을 던지는 방식으로 진행되었기 때문이다. 하위징아에 따르면 놀이는 대립이나 경쟁 대신 명예를 보상으로 받는다. 혼자가 아니라 함께 하기 때문에 타인과 기꺼이 협력할 수 있다는 장점이 있다.

학교에는 동아리가 있다. 동아리에 가입하는 청소년의 마음가짐은 다 다를 것이다. 내키지 않지만 어쩔 수 없이 하거나, 형식적으로 참여하고 있지는 않은지 생각해 보자. 교과목과 관련 있는 동아리에만 주목하지 말고 즐겁게 몰두할 수 있는 동아리에서 호모 루덴스가 되어 보는 것은 어떨까. 어린 시절 카니발을 보고 난 뒤의 강렬한 인상 때문에 평생을 축제와 놀이 연구에 매달린 요한 하위징아처럼 인상적인 동아리 활동으로 새로운 가능성을 발견할 지도 모를 일이다.

* 여러분은 어떤 동아리에 참여하고 있는가?
* 학교 동아리 활동의 장점, 문제점은 무엇이라고 생각하는지 이야기해 보자.

75

나 먼저 솔선수범하여 교실을 청소하고 정리 정돈을 하겠습니다

I will set an example for others by cleaning up after myself in the classroom.

뉴욕은 세계에서 가장 바쁜 도시로 불린다. 세계 금융의 중심지인 월 스트리트, 예술과 문화의 거리 브로드웨이, 도심의 푸른 숲 센트럴파크까지, 뉴욕은 세계적인 도시의 면모를 갖추고 있다. 그러나 한때 이 화려한 도시의 뒷면은 어두웠다. 흑인 거주지역인 할렘은 빈민가의 대명사였고 1980년대까지 한 해 60만 건의 범죄가 발생하는 범죄도시로 악명이 높았다. 영화 「배트맨」에 등장하는 범죄 소굴 고담시가 뉴욕을 모델로 했다는 말도 있다.

그러나 뉴욕의 범죄율은 지난 1990년대 말부터 줄어들고 있다. 1993년 뉴욕시장에 당선한 루돌프 줄리아니(Rudolph W. Giuliani, 1944~)가 강력한 정책을 펼치면서부터이다.

줄리아니 시장은 가장 먼저 지하철 낙서를 지우기로 했다. 뉴욕의 지하철은 낙서천국이었다. 차량에 스프레이를 칠하는 것부터 지하철 창에 염산으로 구멍을 내는 일까지, 방법도 다양했다. 낙서 지우기에 반대하는 사람도 있었다. 범죄를 줄이려면 경찰을 늘려야지 낙서를 지우는 일로 해결되지 않을 거라고 주장했다. 그러나 뉴욕시는 낙서 지우기를 실행했으며 이와 함께 CCTV를 설치했다. 낙서를 하는 사람은 강력하게 처벌했다. 지하철의 낙서를 모두 지우는 데는 5년이나 걸렸다. 이 과정에서 반작용도 있었다. 담벼락에 벽화를 그리던 낙서예술가들까지 곤란을 겪게 된 것이다. 그러나 지하철 범죄율은 서서히 줄어들기 시작해서 낙서 지우기를 완료한 뒤에는 75%나 줄어 있었다. 뉴욕의 범죄가 낙서 지우기만으로 줄어든 것은 아닐 것이다. 그러나 지하철 낙서 지우기는 환경이 바뀌면 사람의 마음도 바뀔 수

있다는 것을 잘 보여준다.

정돈된 환경은 마음을 차분하게 해주고 공부 능률을 높여준다. 당연한 일이다. 지저분한 환경을 선호하는 사람이 어디 있겠는가. 자기 책상은 물론 교실 주변도 정리해보자. 당번이 아닌데도 그 일을 하는 것이 손해처럼 느껴질지 모르지만 공동의 일에 나서는 사람은 어느새 배려심과 능동적인 습관을 몸에 익힐 것이다.

* 여러분은 평소에 정리 정돈을 잘 하는가? 정리 정돈을 잘 하면 어떤 점이 좋은가?
* 정리 정돈을 잘 안 한다면 그 이유와 폐해에 대해 말해 보자.

76

나와 친구는 삶이라는 긴 여정을 함께하는 동반자이기에 진심으로 대하겠습니다

Friends are my companions in life, so I will treat them with sincerity.

중국의 전국시대는 맹자와 순자 같은 수많은 사상가가 등장했지만 가장 혼란스러운 때이기도 했다. 한, 위, 조, 제, 진, 초, 연 등 7개 나라(전국 7웅이라고 부름)가 중국 땅을 차지하기 위해 서로 다툼을 벌였다.

제나라의 손빈과 위나라의 방연은 '귀곡자'라는 스승 밑에서 함께 병법을 공부했다. 공부를 마치고 방연이 먼저 위나라의 장군이 되었다. 출세가도를 달리고 있었지만 방연의 마음속에는 손빈에 대한 두려움과 질투심이 자리 잡고 있었다. 당대제일의 병법가 손빈이 세상에 나오면 자기는 2인자가 될 것 같아 불안했다. 방연은 손빈을 제거하기로 마음먹고 자기네 위나라로 불러들여서 누명을 씌웠다. 그리고 손빈의 손과 발을 자르고 얼굴에는 죄인이라는 글씨까지 새겨 넣었다. 그렇게 하면 손빈이 세상에 나오지 않고 숨어 지낼 것이라는 판단이었다.

그러나 손빈은 위나라를 탈출하여 제나라에 망명했다. 마침 제나라 귀족이 손빈의 재능을 높이 사 왕에게 추천했고 손빈의 지략에 감탄한 왕은 그를 등용했다. 손빈은 수레 위에 앉아서 전략과 전술을 세우는 군사軍師가 되었다.

마침 제나라와 위나라가 전투를 벌일 때였다. 제나라의 손빈은 적을 유인하기 위해 군사들의 솥단지를 점점 줄이는 방법을 썼다. 군사들이 도망쳐서 점점 줄고 있는 것처럼 보일 목적이었다. 말하자면 위장술이었다. 그러자 위나라의 방연은 손빈의 위장술을 사실로 믿고 의욕에 불타서 군대를 이동시켰다. 그 사이 손빈은 또 다른 계략을 짰다. 밤이면 위나라 군대가 마릉이라는 곳에 도착할 것이라 생각하고 큰 소나무의 껍질을 벗겨낸 다음 '이곳에서 방연이 죽는다'는 글씨를 새겨 놓았다.

손빈의 예상대로 밤에 마릉에 도착한 방연의 군대는 나무에 글자가 쓰인 것을 이상하게 여겼고 그 글씨를 읽으려고 횃불을 켜들었다. 그 순간 화살이 비처럼 쏟아졌다. 위나라 군대는 싸워보지도 못한 채 패했고 방연은 손빈의 예언대로 그 자리에서 죽음을 맞았다.

중국 역사의 아버지로 불리는 사마천은 『사기史記』에서 친구의 네 유형을 소개했다. 서로 잘못을 바로잡아 주고 의리를 위해 노력하는 존경하는 친구, 힘들 때 서로 돕고 늘 함께할 수 있는 친구, 좋은 일과 노는 데만 잘 어울리는 친구, 이익만 취하고 나쁜 일이 있으면 떠넘기는 친구. 특히 마지막 관계는 도적을 뜻하는 적賊자를 써서 적우라고 했다. 말만 친구일 뿐 도적이나 다름없다는 뜻이다.

* 방연과 손빈의 친구를 대하는 방법에 대해서 토론해 보자.
* 여러분은 어떤 친구를 원하는가? 그리고 어떤 친구가 되고 싶은가?

77

나는 친구를 먼저 배려하는 마음을 갖겠습니다

I will try to treat my friends as I would like to be treated.

고대 로마의 우화작가인 파이드루스(Phaedrus, 기원전 15년경~50년경)는 사람들 사이에서 떠돌던 이솝우화를 라틴어로 옮긴 사람이다. 『이솝우화』 가운데 「여우와 두루미」로 알고 있는 작품도 맨 처음 파이드루스가 「여우와 황새」로 옮긴 작품이다.

모두 알고 있다시피 이 우화는 여우와 두루미의 음식 대접에 얽힌 이야기다.

여우가 먼저 두루미를 초대했다. 여우는 납작한 접시에 스프를 담아서 내놓았다. 여우는 약을 올리듯이 혀로 핥아 스프를 먹었지만 부리가 긴 두루미는 구경만 할 수밖에 없었다.

두루미는 심기일전, 복수의 기회를 노렸다. 며칠 뒤 여우를 초대해서 내놓은 음식은 맛있는 생선국. 그러나 음식이 담긴 그릇은 목이 기다란 유리병이었다. 주둥이가 짧은 여우에게는 그야말로 그림의 생선이었다.

배려는 손해를 보면서까지 남을 위해주는 것이 아니다. 같은 공간에 나 아닌 다른 사람이 있다는 것을 인정하고 그 사람이 불편을 겪지 않게 마음 써주는 것이다. 작은 배려와 존중은 세상을 향기롭게 만들고 우정을 단단하게 만들어준다.

이야기
나눠 보기

* 여러분은 남을 배려하는 편인가? (그렇게 생각하는 근거는 무엇인가?)
* 우리 사회에서 다른 사람에 대한 배려가 부족한 이유는 무엇이라고 생각하는가?

78

친구와 갈등이 생겼을 때 자존심 때문에 화해할 기회를 놓치지 않겠습니다

If I have a fight with a friend, I won't let my pride prevent us from making up.

프랑스를 대표하는 실존주의 작가인 장 폴 사르트르(Jean-Paul Sartre, 1905~1980년)와 알베르 카뮈(Albert Camus, 1913~1960년)는 절친한 친구 사이였다. 둘은 친구가 되기 전부터 작품을 통해 서로에게 호감을 갖고 있었다. 그래서 우연히 만나게 되었을 때 금세 친해졌다. 사르트르는 까뮈보다 나이가 많았고 문학계의 선배였지만 거만하게 굴거나 잘난 척하지 않았다. 둘은 농담과 우스개를 즐겼고 건들거리듯 장난을 치며 마음을 터놓았다.

그런 둘 사이의 틈을 벌린 건 이념이었다. 사르트르와 까뮈는 나치가 침략했을 때 레지스탕스 활동을 함께 했다. 그때만 해도 이념적 공감대를 갖고 있었으나 전쟁이 끝나자 까뮈가 반공산주의를 선언했다. 공산주의가 목적을 위해 수단과 방법을 가리지 않는다는 이유에서였다. 반면 사르트르는 소련과 중국을 극찬하며 '반공주의자는 개다'라는 말을 서슴지 않았다.

둘 사이가 본격적으로 어긋난 것은 1952년, 사르트르가 운영하는 잡지에 카뮈의 책에 대한 비평이 실리면서부터이다. 이 비평은 젊은 평론가가 쓴 것으로 매우 신랄한 혹평이었다. 까뮈는 삶의 의욕을 잃었다고 말할 정도로 큰 상처를 입었고, 두 달 후 사르트르에게 반박문을 써 보냈다. 사르트르는 자기가 비평을 쓴 것도 아닌데 반박문이 자기에게 온 것에 마음이 상했고 둘은 절교하고 말았다.

그 일이 있고 나서 까뮈는 의기소침해서 집에 틀어박혀 글만 썼다. 1957년 노벨문학상을 받았지만 몇 해 뒤 교통사고로 세상을 떠났다. 사르트르는 추도사에서 "까뮈는 나의 마지막 좋은 친구였다."라는 말을 했다. 살아서는 건네지 못했던 진

심을 뒤늦게 건넸지만 이미 친구는 먼 길을 떠난 뒤였다.

* 친구들과 주로 어떤 이유로 다투는가?
* 친구와 다툰 뒤에 자존심 때문에 화해하지 못한 경험이 있나?

79

친구가 없는 곳에서 험담을 하거나 친구의 비밀이나 단점을 함부로 발설하지 않겠습니다

I will not gossip about my friends, or reveal their secrets and weakness to others.

부처님은 전생에 어느 집에 송아지로 태어난 적이 있었다. 주인은 송아지를 친자식처럼 잘 보살펴 주었다. 송아지는 자라서 '주인이 고생하며 나를 길러주었으니 은혜를 갚아야겠다'고 생각하고 주인에게 말했다.

"욕심 많은 부자에게 가서 내 소가 수레 백 대를 끌 수 있다고 말하세요. 부자는 믿지 않으려 할 테니, 못 믿겠으면 내기를 하자고 말해 보세요."

주인은 소가 시키는 대로 부잣집에 찾아가 말했고 내기가 성사됐다. 소가 백 대의 수레를 끌면 부자가 천금을 내고, 그 반대면 소 주인이 천금을 내는 내기였다. 주인은 백 대의 수레 앞에 소를 묶고는 채찍을 휘두르며 말했다.

"가자! 허풍쟁이야. 네 말에 꼭 책임을 져야 한다."

그러나 소는 꿈쩍도 하지 않았고 내기에서 진 주인은 천금을 잃고 끙끙 앓았다. 소가 주인에게 말했다.

"내가 이 집에 온 이후에 물건을 부순 적이 있습니까? 귀한 걸 마구 짓밟고 다녔습니까? 아니면 오줌똥을 아무 데나 눈 적이 있습니까?"

주인은 그런 일이 없다고 했다.

"그런데 왜 허풍쟁이라고 하셨습니까?"

"……."

"그 집에 다시 가서 2천금을 걸고 내기를 하십시오. 대신 제게 말조심을 해야 합니다."

주인은 부자를 찾아가 2천금의 내기를 걸었고 출발 전에 소를 쓰다듬으며 다정

하고 부드러운 목소리로 말했다.

"슬기로운 소야, 힘 내거라. 이제 가자꾸나."

소는 어렵지 않게 백 대의 수레를 끌었고 주인은 2천금을 받아 돌아왔다.

이 이야기를 통해 부처님은 남에게 좋은 말은 하고 나쁜 말은 하지 말라고 가르친다. 동물인 소도 험담에는 기분이 좋지 않은데 사람이야 오죽할까.

사람들이 남의 흉을 보거나 꼬투리를 잡는 이유는 자기의 약한 모습을 감추기 위해서라고 한다. 험담이나 남의 비밀을 옮기는 순간 쾌감을 느낄지는 모르지만 실은 자기가 약하다는 것을 소문내는 것과 같다. 험담을 하고 남의 비밀을 함부로 여기는 사람이 신뢰를 준다는 말은 들어본 적이 없다.

* 사람들이 남의 험담을 하는 심리는 무엇 때문이라고 생각하는가?
* 듣기 좋은 말과 듣기 싫은 말에는 어떤 것들이 있는가 말해 보자.

80

선생님은 나를 바른 길로 이끌어주시는 분이므로 예의바르게 행동하겠습니다

My teachers are trying to guide me towards the right way.
Therefore, I will treat them with respect.

영화 「죽은 시인의 사회」에는 학생들에게 진정한 삶을 가르치려는 선생님이 나온다.

전통 있는 명문 웰튼 고등학교에 영어를 가르치는 키팅 선생님이 부임한다. 이 학교 졸업생이기도 한 그는 첫날부터 괴짜의 모습을 보여준다.

"오, 캡틴, 마이 캡틴(Oh, Captain, my captain)! 이게 누구의 시에 나오는 글인지 아는 사람! 아무도 없어? 링컨을 찬양한 월트 휘트먼(Walt Whitman, 1819~1892년)의 시야. 나를 키팅 선생님이라고 불러도 좋고 대담하게 '오, 캡틴, 마이 캡틴'이라고 불러도 좋다."

선생님의 수업은 파격적이었다. 책상에 올라가서 세상을 다른 각도로 보라고 말하고 인생의 노예가 아닌 지배자가 되라고 외친다. '시의 이해'라는 내용을 강의할 때는 쓰레기 같은 이론이라며 그 부분을 찢어버리라고도 한다.

보수적이고 억압적인 학교 분위기에 눌렸던 학생들은 선생님을 통해 점차 활기를 얻는다. 몇몇 학생은 선생님이 학창시절 활동했던 시 동아리 '죽은 시인의 사회'를 계속 이어가기로 하며 새로운 꿈을 꾼다. 그러나 자기의 꿈을 찾은 한 학생이 명문 의대에 입학할 것을 강요하는 부모님과 갈등하다가 스스로 목숨을 끊는 사건이 일어난다. 학교는 발칵 뒤집혔고 희생양이 필요했던 사람들은 사건의 중심인물로 키팅을 지목한다. 선생님이 학교를 떠나던 날, 가장 겁쟁이였던 학생이 자리를 박차고 책상으로 올라간다.

"오, 캡틴, 마이 캡틴!"

아이들은 하나둘 책상으로 올라가고 교실은 '오, 캡틴, 마이 캡틴!'으로 가득 찬다.

"자기 걸음을 걸어라. 독특하다는 것을 믿어라. 누구나 몰려가는 줄에 설 필요는 없다. 자신만의 걸음으로 자기 길을 가거라. 그것이 자랑스럽든지 바보같든지 다른 사람이 비웃든지 상관 말고."

"까르페 디엠(Carpe diem, 오늘을 즐기라는 뜻). 소년들이여, 삶을 비상하게 만들어라."

키팅 선생님의 말은 세월이 지나도 오래 기억되는 명대사로 남아 있다.

우리 사회에도 숨어 있는 키팅 선생님이 많다. 방법과 모습이 다를 뿐, 선생님은 학생들이 잘되기를 진심으로 바라는 분임을 잊지 말자.

* 지금까지 가장 기억에 남는 선생님은 누구인가?
* 오늘날의 교육 현실에서 선생님의 역할은 어떠해야 한다고 생각하는가?

81

남에게 충고할 때는 나 자신을 돌아보고 그를 위하는 마음을 담아 하겠습니다

When I offer a word of advice, I will make sure that they are words of encouragement.

퇴계 이황(1501~1570년)은 조선을 대표하는 사상가이다. 풍기군수로 재직할 때 주세붕이 세운 백운동서원의 이름을 소수서원으로 고쳐 후진을 양성했다. 퇴계 선생의 말씀과 언행은 『퇴계언행록』이라는 책에 남아 있는데 거기에 이런 글이 있다.

"형제 사이에 잘못이 있으면 서로 말해 주어야 하지 않습니까?"

어느 제자가 묻자 퇴계가 대답했다.

"성의를 다해 상대방을 감동시킨 뒤에 말해야 의리가 상하지 않을 것이다. 성의 없이 대뜸 나무라기만 하면 사이가 서먹해질 것이야. 옛말에 '형제간에는 항상 기쁘고 즐거운 모습을 보여야 한다'고 했는데 이 때문에 그렇다."

충고를 할 때는 아무리 형제라도 조심해야 된다는 말이다. 조선시대에 형과 아우는 위계질서가 뚜렷한 관계였다. 그런데도 퇴계는 충고를 할 때 정성과 감동을 갖추라고 했다.

충고는 때로는 약이 되지만, 비난이나 핀잔처럼 들리는 충고는 독이 된다. 그런 말은 충고가 아니라 독설이다. 남에게 충고를 할 때는 진심으로 상대를 위하는 마음인지, 상대의 개성을 내 잣대로만 보고 꺼려하는 것은 아닌지, 내 말이 상대에게 어떻게 비출지를 먼저 생각하자. 충고에도 예절이 필요하다.

* 남의 충고에 마음 상해 본 경험이 있나?(왜 그런 마음이 들었나?)
* 남의 충고를 받아들이기 힘든 이유는 무엇인가?

82

다른 사람이 나를 위해 충고해줄 때는 겸손하게 받아들이겠습니다

When others offer me a word of advice, I will humbly accept them.

중국의 춘추시대는 100여 개의 나라가 서로 겨루던 혼란의 시기였다. 춘추시대에 가장 강력한 나라 가운데 하나였던 제齊는 강태공이 세운 나라로, 관중과 안영이라는 뛰어난 재상을 배출했다.

안영(?~기원전 500년)은 키가 작고 얼굴이 못나서 이웃 나라에서도 놀림을 당하기 일쑤였지만 지략이 뛰어나 왕이 셋이나 바뀔 동안 재상을 지냈다. 안영에게는 마차를 모는 마부가 한 사람 있었는데 늘 어깨에 힘을 주고 다녔다. 마차를 몰 때마다 백성들이 마차에 대고 절을 했기 때문이었다. 안영이 검소하고 청렴한 데다 겸손하기까지 해서 백성들이 존경을 표시하는 것이었다. 사람들이 인사를 할 때마다 안영은 허리를 굽혀 마주 인사를 했다. 그러나 마부는 큰 기침을 하며 저리 비키라고 사람들에게 호통을 쳤다.

어느 날 마부의 아내가 남편의 행실을 보고는 이혼을 선언했다. 깜짝 놀라 이유를 묻는 마부에게 아내가 말했다.

"안영 대감은 명성이 자자한 재상인데도 겸손하고 의연하십니다. 그런데 마부인 당신은 우쭐대고 오만하게 구니 어찌 평생을 믿고 살겠습니까?"

마부는 아내의 말에 크게 뉘우치고 다음날부터 공손하게 행동하였다. 안영은 마부가 갑자기 공손해진 것이 이상해서 사정을 물었다. 마부가 아내의 이야기를 들려주었다. 안영은 마부에게 훌륭한 아내를 두었다고 말하며 아내의 말을 새겨들은 당신은 더 훌륭하다고 칭찬했다. 안영은 마부의 인품을 기억해 두었다가 벼슬자리가 났을 때 추천해 주었다.

마음이 담긴 조언도 듣는 사람은 불쾌하게 여길 수 있다. 사람의 마음이란 게 원래 그렇다. 오죽하면 안영이 충고를 새겨들었다는 이유로 마부를 칭찬했겠는가. 남의 충고에 발끈하지 말고 곰곰이 되새겨보자. 때로 남의 말 한 마디가 자기 발전의 불씨가 될 수도 있다.

* 안영이 마부를 벼슬에 추천한 이유는 무엇일까?
* 안영이 마부를 벼슬에 추천한 일은 도리에 어긋나지는 않는가, 의견을 말해 보자.

나의 사상과 행동이 곧 역사

아리스토텔레스는 사람을 사회적인 동물이라고 하였다. 사람은 사회 안에서 똑같은 언어로 말하고 공동의 문화를 만들어내고 질서를 유지하기 위해 사회적인 약속을 한다. 그렇게 하지 않으면 사회는 존속될 수가 없다.

우리는 가족, 이웃, 친구들과 관계를 맺으며 살아가고 있다. 더 멀리 보면 우리는 지구의 한 사회구성원이며 우주에 속해 있는 생명체이다. 이 속에서 함께 어우러져 살기 위해서는 마땅히 지켜야 할 가치와 의무가 있다는 것을 명심하자.

83
나는 지구인으로서 세계에서 일어나는 일에 관심을 갖겠습니다

As a global citizen, I will pay attention to world affairs.

2009년 영국 BBC 방송의 블로그에 탈레반을 비판하는 글이 올라왔다. 글쓴이는 이름을 밝히지 않은 채 탈레반의 과격한 행동을 비판했다. 여학생들이 다니는 학교에 방화를 한다는 것이었다.

탈레반은 한 이슬람 부족에서 시작한 단체로 아프간의 정권을 잡을 정도로 세력이 커졌다. 강력한 남녀차별정책을 실시해 전 세계의 비난을 받았고 2001년에는 미국에 의해 정권을 빼앗겼다. 그러나 아프간 남부 지역에서 지지를 받으며 여전히 세력을 떨치고 있었다. 탈레반 세력 하의 여자들은 눈만 내놓은 채 머리를 꽁꽁 감싸는 부르카를 착용해야 했고 학교는 다닐 수가 없었다. 혼자서는 외출도 하면 안 되었다. 탈레반의 위협에 거의 모든 여학교가 문을 닫아야만 했다.

이런 사정을 담은 글이 알려지면서 파키스탄은 스와트 계곡에서 탈레반을 몰아내고 글쓴이의 이름을 밝혔다. 당시 11살의 말랄라 유사프자이. 당국은 나이 어린 인권운동가에게 평화상을 주었다. 소녀는 강연회에 참석해 여성의 인권과 교육 받을 권리에 대해서 주장했다.

유사프자이를 눈엣가시처럼 여겼던 탈레반은 2012년 학교에서 수업을 마치고 나오던 소녀에게 총격을 가했다. 머리를 다친 유사프자이는 즉시 군병원으로 옮겨졌고 그 뒤 영국으로 이송돼 기적적으로 목숨을 건졌다. 수술이 성공적으로 끝난 뒤, 유사프자이의 인터뷰 영상이 공개됐다. 소녀는 이렇게 말했다.

"많은 사람이 기도해주신 덕분에 제2의 인생을 살게 되었어요. 다른 사람을 위해 살겠습니다. 모든 소녀, 모든 아이가 교육받기를 원합니다."

　우리가 안락하게 지내고 있을 때 지구 또 다른 곳에서는 이처럼 부조리한 일들이 일어나고 있다. 우리의 문제가 아니라고 외면하지 말아야 한다. 세상의 평화는 모든 사람의 관심과 공감 속에서 싹이 트고 실현된다.

* 국제사회의 다양한 소식을 어떤 방법으로 접하고 있는가?
* 최근 국제사회에서 이슈가 되고 있는 문제는 무엇인가? 그 전개 과정과 배경에 대해 이야기해 보자.

84

세계의 다양한 문화는 인류를 풍요롭게 만드는 것임을 기억하겠습니다

I will remember that the diverse cultures of the world are what make humanity so rich.

유네스코UNESCO는 교육, 과학, 문화에 대한 업무를 담당하는 UN 산하의 국제기구이다. 인류의 소중한 문화와 자연유산을 보호하기 위해 '세계유산'을 지정하고 있다.

제1호 세계유산은 그리스에 있는 아크로폴리스이다. 아크로폴리스는 고대 도시국가의 중심지로 여러 신전과 방어를 위한 요새가 구축되어 있다. 우리나라도 해인사 장경판전을 비롯해 2012년 기준으로 모두 34개의 문화 및 자연·무형·기록 유산이 유네스코 세계유산에 등재되어 있다.

문화는 인류가 살아오면서 쌓은 삶의 기록이다. 문화를 통해서 우리는 사람들이 어떻게 살아왔고 어떤 생각을 했고 어떤 가치를 추구했는지 짐작해 볼 수 있다. 고대 그리스 사람들이 왜 아크로폴리스를 만들었는지 이해하고 탐구하다 보면 사유가 깊어지고 그 나라, 더 나아가 그 문명에 대한 이해가 깊어진다. 미적인 감수성도 풍부해짐은 물론이다.

세계의 문화를 통해 우리의 식견은 더욱 넓어지고, 우리 삶은 더욱 풍부해질 것이다. 세계의 다양한 문화를 이해하고 존중해야 하는 이유이다.

* 우리와 다른 문화에는 어떤 것들이 있는지 이야기해 보자.
* 일상생활에서 우리 문화를 지키는 방법은 어떤 것이 있을까?

85

우리 것과 다른 문화를 배척하지 않고 있는 그대로 인정하겠습니다

I will accept each culture as their own and not make any judgments.

중국은 인구의 대다수를 차지하는 한족 외에 모두 55개의 소수민족으로 이루어진 다민족 국가이다. 소수민족들은 모두 그들만의 독특한 문화와 전통을 유지하며 살고 있다. 그 가운데 높은 산꼭대기 호수 중심에 모여 사는 모쏘족은 세계 유일의 모계사회이다. 할머니-어머니-자녀로 이루어진 가족 형태가 일반적이다.

모쏘족 여자들은 13살이 지나면 맘에 드는 남자와 함께 지낼 수 있다. 사랑이 식으면 자유롭게 헤어지고 아이가 생기면 여자가 맡아 기른다. 아이들은 아버지가 누군지 알지도 못하고 알고 싶어 하지도 않는다. 이 마을에는 아버지, 남편이라는 말이 아예 없다. 당연한 일이다. 아버지 역할, 남편 역할이 없으니 그런 말이 필요할 리가 없다.

모쏘족이 모계사회를 유지하는 이유는 해발 2천5백 미터가 넘는 산에 둘러싸여 살기 때문이다. 외부와 차단되어 있어 종족을 유지하려면 내부의 사람들과 혼인을 해야 한다. 그런 환경에서 우리가 알고 있는 부부-자녀로 이루어진 가정보다는 모계사회가 생존하는 데 훨씬 유리했을 것이다.

문화상대주의라는 말이 있다. 고유한 환경에 적응하며 형성된 문화를 두고 어느 것이 더 우월하다고 말해서는 안 된다는 주의이다. 문화의 다름을 인정해야 한다. 우리 문화와 다르다는 이유로 편견을 갖는 일은 없어야겠다.

이야기
나눠 보기

* 앞에 나왔던 유사프자이의 사례를 문화상대주의의 관점에서 토론해 보자.
* 탈레반이 여성차별을 고유문화라고 주장한다면 문화상대주의의 입장에서
  이를 어떻게 보아야 하는가?

86

세상의 가치를 내 기준에 맞춰 편 가르지 않겠습니다

I will not judge the things that others value.

영국의 철학자 베이컨(Francis Bacon, 1561~1626년)은 사람들이 지식을 얻기 위해서는 버려야 할 4대 우상이 있다고 하였다.

첫째는 종족의 우상이다. 세상 모든 일을 인간 중심으로만 보는 문제이다. 새들이 내는 소리를 구슬픈 울음으로만 여기는 것이 이에 해당한다.

두 번째는 동굴의 우상이다. 동굴에 갇혀서 다른 것은 못 보는 사람처럼 자기의 경험, 자기의 지식만을 전부로 아는 것을 말한다.

셋째는 시장의 우상이다. 잘못된 말과 소문에 혹하는 잘못을 가리킨다.

마지막 넷째는 극장의 우상이다. 마치 극장 무대를 보고 환호하는 사람들처럼 많이 배운 사람, 유명한 사람의 말이라면 비판 없이 받아들이는 것을 말한다.

베이컨의 4대 우상은 사람의 마음에 자리 잡고 있는 편견을 가리킨다. 베이컨의 말대로 지식을 얻으려면 편견을 걷어내야 한다. 편견을 걷어내는 일은 다른 사람을 올바로 이해하는 데에도 꼭 필요하다. 색안경을 끼고 꽃을 보면 꽃의 아름다움을 제대로 볼 수가 없다. 편견이라는 색안경을 벗고 세상을 바라보도록 하자.

* 여러분이 갖고 있는 사회적인 편견에는 어떤 것들이 있는가?
* 사람들은 왜 자기의 가치가 절대적이라고 믿는 것일까?

87

나는 민주시민으로서
권리와 의무를 다하겠습니다
I will exercise my rights and responsibility as a democratic citizen.

민주주의의 뿌리는 고대 그리스에서 시작되었다. 그리스 사람들은 투표를 통해 지도자를 뽑거나 위험한 인물을 도시 밖으로 내쫓았다. 이를 도편추방제라고 하는데, 도자기 조각에 위험인물의 이름을 써서 투표했기 때문에 붙은 이름이다.

이처럼 일찍이 투표를 실시했던 그리스도 모든 사람에게 투표권을 평등하게 주지는 않았다. 여자와 노예는 투표에 참가할 수 없었다. 이 불공평한 전통은 오래도록 이어져서, 민주주의가 발달했다는 유럽에서도 여성은 오랫동안 투표에서 차별받았다. 미국도 흑인과 여성의 참정권을 막았다. 오늘날 모든 사람들이 투표권을 행사할 수 있는 보통 선거는 20세기에 들어와서야 이루어졌다. 그동안 투표를 할 수 없었던 수많은 사람들이 선거 권리를 위해 투쟁을 벌였음은 물론이다.

우리나라는 1948년, 헌법 제정 후 첫 투표를 실시했는데 처음부터 어떤 차별도 없는 보통선거로 치렀다. 그러나 그 참정권이 저절로 얻어진 것은 아니다. 해방을 위해 노력하고 희생한 끝에 얻은 결과이기 때문이다.

민주시민으로서 우리가 갖고 있는 권리는 매우 소중하다. 그런데 선거 때마다 우리나라는 젊은이들의 투표 이탈을 걱정한다. 투표일에 날씨가 좋으면 밖으로 놀러 가느라 투표율이 떨어진다는 말까지 나온다. 청소년들은 아직 참정권이 없지만 권리가 주어졌을 때 민주시민의 권리를 내팽개치지 말기 바란다. 자기의 권리는 스스로 지키지 않으면 보호받을 수 없다.

* 사람들이 자기 권리인 선거권을 포기하는 이유는 무엇이라고 생각하나?
* 선거권 외에 민주시민의 권리와 의무에는 어떤 것이 있는지 이야기해 보자.

88

사회의 부조리에 관심을 갖고 사회적 약자를 돕겠습니다

I will pay attention to societal problems and help those who are disadvantaged.

프랑스 화가 쥘 조제프 르페브르(Jules Joseph Lefebvre, 1836~1911년)는 여성을 주로 그렸다. 그의 그림 가운데 「레이디 고다이바」는 옷을 벗은 여자가 긴 머리로 몸을 가리고 말을 타는 모습이 담겼다.

그림의 주인공은 11세기 영국의 코벤트리 지역에 살았던 고다이바 부인. 그 지역 영주인 레오프릭 백작의 아내였다. 당시 영국은 물론 유럽 사회는 귀족인 영주가 많은 땅을 소유하고 농민들에게 농사를 짓게 했다. 그 대가로 영주는 갖가지 세금을 걷었는데 어찌나 횡포가 심했는지, 농민들은 세금을 바치고 나면 남는 게 없을 정도였다. 코벤트리의 영주 레오프릭도 다르지 않았다.

그러나 영주의 부인 고다이바는 마음씨가 아름다웠다. 고다이바는 몰락하는 농민들을 안타깝게 여겨 남편에게 제발 세금을 줄이라고 충고했다. 거듭되는 아내의 충고에 짜증이 난 레오프릭은 말도 안 되는 조건을 내 걸었다.

"당신의 동정심은 정말 대책이 없구려. 좋소. 당신이 내 영지 안의 농민들을 그리 사랑한다면 알몸으로 말을 타고 마을을 한 바퀴 돌아보시오. 그렇게 하면 당신의 진심을 믿고 세금을 줄이겠소."

고다이바는 고민했다. 귀족이고 농민이고를 떠나 대낮에 옷을 벗고 마을을 돈다는 것은 수치스러운 일이었다. 그러나 고다이바는 농민을 도울 수만 있다면 수치심을 견디리라 마음먹었다.

소문은 곧 온 마을에 퍼졌고 농민들은 고다이바가 마을을 지나는 날 누구도 집 밖으로 나오지 않기로 뜻을 모았다. 마침내 고다이바가 마을에 내려온 날, 사람들

은 창문의 커튼을 내리고 집 안에서 꼼짝도 하지 않았다. 사람들은 고다이바의 용기 있는 행동에 모두 감동했다. 남편 레오프릭도 마찬가지였다. 그는 아내와의 약속대로 세금을 낮추었다.

* 오늘날 우리 사회의 약자는 어떤 사람들을 말하는가?
* 여러분이 사회적 약자를 돕는 방법에는 어떤 것이 있을지 이야기해 보자.

89

나는 우리 사회의 소수자를 편견으로 대하지 않겠습니다

I will not hold prejudice against those who belong to minority groups.

2012년 5월, 우리나라 언론은 프랑스 디지털경제장관에 오른 플뢰르 펠르랭에 관한 기사를 실었다. 당시 38살의 이 여성이 한국에서 태어나 프랑스에 입양되었다는 사연 때문이었다. 뒤늦게 한국의 언론들은 펠르랭이 서울에서 태어났고 생후 6개월 때 입양되었다며 옛날 옛적 일을 끄집어냈다. 정작 사회적 소수자인 아시아계 여성이 장관에 오를 수 있는 사회적 분위기는 소개하지 않았다. 그런 것은 사람들의 관심사가 아닌 모양이었다.

프랑스는 유럽의 인종 전시장이라고 부를 정도로 다양한 인종이 모여 사는 나라이다. 그래서인지 프랑스 사람들은 다른 사람을 받아들이는 데 관대하다. 차별적인 발언에는 다 같이 화를 내고, 사회적 약자를 존중하고 보호하는 일에는 적극적이다. 펠르랭은 자기 얼굴은 아시아계이지만 프랑스 사람이라고 못 박는다. 아시아계 얼굴을 갖고도 나는 프랑스 사람이라고 주장할 수 있는 것은, 달리 말하면 프랑스 사회가 펠르랭을 편견 없이 받아들였다는 뜻도 된다. 우리는 한국계 프랑스인의 장관 임용에 호들갑을 떨 게 아니라 우리 사회도 프랑스만큼 소수자를 존중하고 있는지 돌아보아야 했다.

우리 사회에는 다양한 소수자들이 존재하고 있다. 성적 정체성이 다른 사람들, 다문화 사회로 가면서 늘어나는 혼혈인, 이주노동자, 소수 종교인들, 장애인들……. 우리 사회도 최근 소수자에 대한 관심이 높아지고 있지만 이들은 여전히 따가운 시선을 받고 있다. 소수자도 권리를 가진 똑같은 사람들이다. 함께 어울려 살 수 있는 사회를 위해 이제는 차별적 시선을 거두어야 한다.

이야기
나눠 보기

* 소수라는 사실이 차별의 이유가 될까?

* 사람들이 소수자를 차별하는 이유는 무엇이라고 생각하는가?

* 우리 사회의 소수자는 어떤 사람들인지 이야기해 보자.

90

나는 역사의 주인공임을 명심하고
좋은 사회를 만드는 데 도움이 되겠습니다

I am making our future; therefore, I will contribute to making the world a better place.

미국의 흑인들은 노예 해방이 되고도 백년 가까이 차별을 겪어야 했다. 노예 해방을 반대하던 남부의 여러 주에서는 '짐 크로우법'을 적용하고 있었다. 짐 크로우는 목화밭 노동자들이 부르던 노래 속에 등장하는 사람이었다. 백인들은 짐 크로우를 흑인을 비하하는 의미로 썼다. 짐 크로우법은 흑인과 백인을 차별하는 법이었다. 이 법에 따라 흑인은 기차나 버스, 학교, 식당, 화장실에 이르기까지 백인과 같은 공간을 쓸 수 없었다. 버스는 뒷문을 이용해야 했고 버스좌석도 분리되어 있었다. 흑인들은 이 법에 말없이 따랐다. 연방 대법원도 '평등과 분리는 위헌이 아니다'는 어처구니없는 판결을 내놓던 시절이었다.

이런 차별에 흑인들이 반발하기 시작한 것은 1955년 무렵이었다. 그 해 12월, 백화점에서 재봉사로 일하던 흑인 여성 로자 파크스(Rosa Parks, 1913~2005년)는 일을 마치고 버스에 올랐다. 퇴근길 버스는 사람들로 붐볐고 몇몇 백인들이 서서 갔다. 운전기사는 흑인들에게 자리 양보를 요구했다. 흑인 몇 사람은 군말 없이 자리에서 일어났지만 로자 파크스는 "No, Sir."라고 말했다.

법을 어긴 죄로 로자 파크스는 체포되었다. 이는 미국 역사를 바꾸는 중대한 사건이 되었다. 흑인들은 26세의 젊은 목사 마틴 루터 킹(Martin Luther King, 1929~1968년)과 함께 차별에 저항하기 시작했다. 버스 거부 운동을 벌이며 아무리 먼 거리도 걸어서 다녔다. 이 운동은 381일 동안이나 계속되었다. 흑인들의 저항운동을 지켜보던 미국 사회는 인종 차별 정책을 차근차근 철폐해 나갔다. 한 여성의 "No, Sir." 한 마디가 인종차별 정책을 없애는 씨앗이 된 것이다.

　역사책에는 언제나 위인들의 이름만 나온다. 그러나 역사의 큰 물줄기에는 언제나 보통 사람이 있었다. 임진왜란 때 온몸으로 적을 막아낸 조선수군이 없었다면 이순신 장군의 승리가 가능했을까? 프랑스 사회의 부패에 분노해 저항한 민중들이 없었다면 프랑스 혁명이 성공했을까? 아니다. 역사는 한 사람의 지도자만으로 바뀌는 것이 아니다. 우리의 행동 하나하나가 역사에 얼마나 중요한 영향을 미치는지 알아야 한다. 우리는 역사를 구성하는 중요한 구성원임을 잊지 말자.

＊ 역사책에 지도자의 이름만 나오는 이유는 무엇이라고 생각하나?
＊ 역사의 진정한 주인은 누구라고 생각하는가?

91

나는 봉사활동이 남을 배려하고
깨달음을 얻는 기회임을 명심하겠습니다

I will remember that volunteering is a chance to work for others
and to gain understanding.

'마더 테레사 효과'라는 말이 있다.

1950년, 인도 콜카타에 사랑의 선교회를 설립한 이래 빈민과 고아들을 위해 헌신적으로 봉사한 테레사(Theresa, 1910~1997년) 수녀의 이름을 딴 용어이다. 남을 돕는 봉사활동을 하고 난 뒤에 일어나는 정신적인 변화를 가리키는 말이다. 즉, 봉사활동을 하고 나면 심리적인 만족감이 커지고 몸도 건강해진다는 것이다. 엔도르핀의 분비가 늘고 나쁜 병균을 물리치는 항체가 크게 증가한다.

초·중·고등학교에서는 인성교육을 강화한다는 목적으로 지난 1996년부터 학생 봉사활동이 시행되고 있다. 그러나 많은 청소년들이 형식적으로 봉사활동을 하고 있으며, 이수 시간을 채우고 나면 관심을 두지 않는다. 불교에서는 베풂과 봉사를 매우 중요한 가치로 강조하고 있다. 봉사는 점수를 위한 활동이 아니라 욕심은 비우고 사랑은 채우는 활동이어야 한다.

※ 여러분이 현재 행하고 있는 봉사활동에 대해 말해 보자.
※ 현재 학교 봉사활동의 문제점은 무엇이라고 생각하는가?
※ 봉사활동이 우리에게 주는 이로운 점은 무엇이 있을까?

92

나는 모든 생명을 귀하게 여기겠습니다

I will treat all living beings with respect.

찰스 다윈(Charles Darwin, 1809~1882년)은『종의 기원』이라는 책을 통해 진화론을 주장한 영국의 생물학자이다. 이 책은 발표 당시 큰 논쟁을 불러왔으며, 그 연구업적은 지금도 높이 평가받고 있다. 그런 다윈이 수십 년 동안 지렁이를 연구했다는 사실은 잘 알려지지 않았다.

왜 하필 지렁이였을까? 다윈은 지렁이만큼 지구에서 중요한 역할을 하는 동물도 없다고 말한다. 지렁이는 인간이 발명한 쟁기가 나타나기 전부터 땅을 갈아엎으며 흙을 비옥하게 만들었다. 지렁이가 땅 속을 기어 다니며 낸 길로는 공기와 빗물이 스며들어 식물의 성장을 돕는다. 땅 위의 나뭇잎 같은 유기물을 땅 속으로 끌고 들어가 흙과 섞어주며 똥은 거름이 된다. 이처럼 토양 생태계를 건강하게 만드는 생물이 바로 지렁이다. 최근에는 친환경 농업을 하는 사람들이 지렁이를 적극 이용하기도 한다.

사람들은 지렁이만큼 환경과 생태에 유용한 역할을 하고 있을까? '그렇다'고 확실하게 대답할 수 없을 것이다. 세상에 이유 없이 난 생명은 아무 것도 없다. 생태계라는 둥근 고리 안에서 각자의 역할을 충실히 하는 모든 생명이 지구의 공동 주인임을 잊지 말자.

* 생태계는 왜 보호해야 하는지 이야기해 보자.
* 생태계를 보호하는 방법에는 어떤 것들이 있는가?

93

나는 자연을 아끼고 사랑하며 후손에게 건강한 환경을 물려주겠습니다

I will protect and love the environment so that generations after me can enjoy it.

꿀벌이 사라지고 있다. 다 자란 일벌이 벌집을 떠나 집단 폐사하면서 벌집은 텅 비거나 여왕벌과 어린 일벌만 남는다. 이 같은 꿀벌 집단 붕괴현상은 지난 2006년, 미국의 플로리다에서 시작된 이래 유럽, 아시아, 아프리카 등 전 세계로 확산되고 있다.

유엔에서 환경문제를 전담하는 유엔환경기획(UNEP)은 꿀벌이 멸종하면 생태계 보전과 식량 확보에 문제가 생긴다고 지적한다. 인간이 먹는 음식의 3분의 1은 곤충이 꽃가루를 옮겨주어야 열매를 맺는다. 꽃가루를 옮겨주는 곤충은 나비나 나방도 있지만 80%는 벌이 담당한다. 벌은 한 꽃에서 집중적으로 꿀을 따기 때문에 열매를 맺게 할 확률이 높다.

유엔환경기획은 꿀벌의 감소 원인이 서식지 파괴, 공기오염, 살충제, 해충의 공격 등이라고 밝혔다. 다른 쪽에서는 바이러스 감염, 면역력 결핍, 휴대전화의 전자파 등이 복합적으로 작용했다는 추측도 나온다. 원인이 어떤 것이든 꿀벌 감소는 환경 문제가 불러온 새로운 환경 문제인 셈이다.

침팬지의 대모로 불리는 제인 구달은 '인간의 적은 인간'이라는 말을 하였다. 인간이 저지른 환경파괴가 부메랑이 되어 우리를 힘들게 한다는 뜻이다. 자연환경은 우리만의 소유물이 아니다. 아직 태어나지 않은 후손들도 이 땅에서 살아야 한다. '자연은 후손에게 빌려서 쓰고 있을 뿐이다'는 말은 그래서 나왔다. 그런데도 마치 주인인 양 파괴를 일삼아서는 안 될 일이다.

* 벌꿀이 멸종하면 인간의 삶은 어떻게 될까? 상상하여 발표해 보자.
* 다른 멸종 동식물의 예를 들어보고, 그것이 끼치는 영향에 대해 말해 보자.

94

내 편리를 위해 환경을 해치지 않겠으며 환경보호를 실천하겠습니다

I will not harm nature for my convenience and will practice recycling and other methods of to protecting the earth.

불과 이십여 년 전만 해도 물을 사 먹는 일은 상상하기 힘들었다. 새벽마다 물을 길어다 주는 북청 물장수는 과거에나 있던 일이었다. 그러나 어느덧 물을 사 먹는 게 당연한 시대가 되었다. 수도는 집까지 들어와 있고 수돗물은 언제나 콸콸 쏟아지는데도 물을 사 먹는 이유는 수돗물에 대한 불신과 편리함 때문이다. 수돗물을 그냥 마실 때 생기는 찜찜함과 수돗물을 끓여서 마셔야 하는 번거로움을 피할 수 있으니까 말이다.

페트병 생수는 환경에 해로운 영향을 끼친다. 페트병을 만들려면 그 안에 담는 물의 세 배 이상의 물이 낭비되고 지구온난화의 주범인 이산화탄소가 배출된다. 플라스틱 페트병은 분해되는 데도 오랜 시간이 걸리고 소각 처리하는 데도 환경 부담이 생긴다. 페트병 생수에서 가끔 환경호르몬 검출 소식이 전해지기도 한다. 다른 한편으로, 지하에서 무차별적으로 물을 뽑아 쓰면 지반이 약해지고 지하수는 언젠가 고갈되고 말 것이다.

비단 생수뿐이 아니다. '편리하게, 좀 더 편리하게'를 추구할수록 환경에는 부담이 된다. 환경보호는 그렇게 어려운 일이 아니다. 잠깐의 불편함을 감수하면 되는, 누구나 할 수 있고 또 해야 하는 일이다.

＊ 환경을 파괴하는 것들에 대한 구체적인 예를 들고, 어떻게 환경을 파괴하는지 말해 보자.

＊ 환경을 보호하기 위해 생활 속에서 할 수 있는 일들에 대해 이야기해 보자.

95

내가 존중받기 원하는 마음으로 상대방을 먼저 존중하겠습니다

I will respect others as I want to be respected.

『법화경』에 나오는 상불경(常不輕: 항상 경멸하지 않는다는 뜻) 보살은 모든 사람을 존중했다. 보살은 비구로 수행하던 시절, 누군가를 만나기만 하면 먼저 인사하며 말했다.

"나는 여러분을 깊이 공경하고 가벼이 여기지 않습니다. 여러분은 모두 부처가 될 분들이기 때문입니다."

멀리서라도 사람이 보이면 찾아가 인사를 하며 말했다.

"나는 여러분을 깊이 공경합니다."

개중에 마음이 맑지 못한 사람들은 보살을 멸시하고 욕했다.

"어리석은 비구야. 대체 어디서 왔기에 공경한다느니, 성불한다느니 하는 요상한 말을 늘어놓느냐?"

보살은 비웃음과 욕을 들어도 성내지 않았다. 막대기나 돌로 때리는 사람이 있으면 피해 달아나면서도 큰 소리로 "나는 당신을 공경합니다." 하고 말하였다.

보살은 임종할 무렵 허공에서 들려오는 『법화경』을 모두 듣고 깨우쳤으며 수명도 늘었다. 보살은 『법화경』을 널리 설하였고 사람들은 모두 믿고 따랐다. 이 보살은 곧 부처가 되었다.

누군가에게 대접받고 싶으면 먼저 내가 남을 존중해야 한다. 상불경 보살처럼 남에게 따뜻한 말을 건네자. 남이 내게 예의 없이 굴어도 발끈하며 맞대응하지 말자. 상불경 보살이 그러했듯이 내가 먼저 남을 존중하면 나는 더 큰 존경을 받게 될 것이다.

* 나는 다른 사람을 먼저 존중해주는 편인가?
* 다른 사람을 존중하는 일이 어려운 이유는 무엇일까?

96
나는 외적인 조건으로 사람을 판단하지 않겠습니다

I will not judge others by their appearance.

2012년 여름, 중국의 한 마을에서 차량 절도가 빈번하게 일어났다. 도둑은 깊은 밤 주민들이 잠든 틈에 자동차 유리를 깨고 휴대폰이나 귀중품, 현금을 훔쳤다. 대담한 절도행각에 경찰은 잠복근무를 시작했고 머지않아 범인을 잡았다.

범인은 그동안의 절도 사실을 털어놓으며 자기가 경찰에 체포될 줄은 꿈에도 몰랐다고 말했다. 외모가 잘생겼기 때문에 주택을 드나들며 도둑질을 해도 의심하는 사람이 없을 것으로 믿었다고 했다.

도둑의 말은 어이없지만 우리가 흔히 저지르는 실수임을 떠올리게 한다. 외모나 배경 같은 외적인 조건으로 사람을 판단하는 실수 말이다. 외모가 뛰어나거나 배경이 좋은 사람에게는 호감을 보이고 그렇지 않은 사람은 배척한다. 그 사람이 갖고 있는 가치관이나 인품은 전혀 고려 대상이 아니다.

처음 만났을 때 첫인상을 무시할 수야 없겠지만 겉으로 나타나는 조건으로 사람을 쉽게 판단하는 태도는 바꾸어야 한다. 한 사람이 갖고 있는 평온함, 배려심, 인품 등의 내적인 모습을 볼 수 있는 안목을 키우자.

이야기
나뉘 보기

* 여러분은 사람을 처음 만났을 때 어떤 것에 호감을 느끼는가?
* 여러분이 사람을 평가하는 기준은 무엇인가?

97

나는 지적재산권을 침해하지 않겠습니다

I will not steal others' intellectual property by downloading their
work without paying for it.

우리나라 인터넷 사용자의 절반이 불법 다운로드를 받는다고 한다. 청소년은 10명
가운데 9명이 불법 다운로드를 경험했다는 조사결과도 있다. 불법인 줄 알면서도
거리낌 없이 내려 받는 것이다. 심지어 그런 영상을 다른 곳에 게재하고 광고 수익
을 올리는 사람, 악성코드를 심어서 배포하는 사람도 있다.

영화나 음악 같은 문화 상품, 신문이나 잡지의 기사, 블로그, 카페 등에 개인이
올린 글은 모두 지적재산권을 보장 받는 창작물이다. 사람들은 그것을 만들기 위해
비용을 들이고 시간을 들였다. 어떤 사람에게는 그것이 직업이기도 하다.

가게에서 물건을 살 때 비용을 지불하는 것은 당연하다. 남의 창작물을 이용할
때도 대가를 지불해야 한다. 무료로 이용할 수 있는 것이라고 해도 마음대로 퍼 나
르거나 내 것처럼 쓰며 권리를 침해해서는 안 된다. 숙제를 할 때 인터넷에 올라온
글을 그대로 베껴 쓰는 것도 남의 지적재산권을 침해하는 일이다.

미국의 한 경제 심리학자는 지적재산권 침해가 거짓말을 낳는다고 주장한다. 사
소한 일 같지만 한두 번 하다 보면 점차 무감각해지고 거짓말을 하라고 자꾸 자기
에게 신호를 보낸다는 것이다.

지적재산권 침해는 양심을 속이는 일이다. 남의 수고를 빼앗는 일이며, 또 내 컴
퓨터에 악성코드를 심을 수 있는 위험한 일임을 기억하자.

* 불법 다운로드가 문화산업에는 어떤 영향을 미치는지 토론해 보자.
* 지적재산권 침해를 막기 위한 방안은 어떤 것이 있을까 이야기해 보자.

98
나는 사회규범을 잘 지키겠습니다
I will follow the general rules of society.

해마다 노벨상 선정에 앞서 미국의 유머과학 잡지사는 이그 노벨상(Ig Nobel Prize)을 발표한다. 이그 노벨상은 1991년, 이 잡지사가 노벨상을 패러디해 만든 상이다. 상식을 뒤엎는 기발하고 발랄한 사건들을 선정하기 때문에 엽기 노벨상이라고 불린다.

2009년에는 아일랜드 경찰청이 이그 노벨상 문학상을 받았다. 교통법규 위반 통지서를 이상한 사람에게 발부했기 때문이었다.

그 해 아일랜드 경찰은 프라보 야즈디Prawo Jazdy라는 운전자 때문에 골머리를 앓고 있었다. 폴란드 사람인 이 운전자는 홍길동처럼 여기저기에 나타났다. 아일랜드 전역을 돌아다니면서 속도위반, 불법주차를 일삼았는데 적발될 때마다 주소가 달랐다. 아일랜드 경찰은 프라보 야즈디에게 교통법규 위반 통지서 50장을 발부했다.

그런데 한 경찰이 동에 번쩍 서에 번쩍 하는 프라보 야즈디에게 의문을 가졌다. 그래서 폴란드어 사전을 찾아보니 프라보 야즈디는 '운전면허'라는 뜻이었다. 그러니까 아일랜드 경찰은 폴란드에서 발급한 운전면허증의 '운전면허'라는 글씨를 사람의 이름으로 착각한 것이었다. 그동안 교통법규를 위반한 사람은 한 사람이 아니라 각기 다른 사람이었던 것이다.

과연 이그 노벨 문학상을 받을 만한 말도 안 되는 소설이다. 사실을 알고 난 아일랜드 경찰도 어이없는 해프닝에 부끄러우면서도 한편으로는 '그러면 그렇지' 하고 안심하지는 않았을까.

교통법규처럼 사회 구성원 모두가 지켜야 하는 규칙을 사회규범이라고 부른다. 이것만은 함께 지키자는 사회적인 약속이다. 사회규범을 잘 지키는 것은 모든 사람을 안심시키는 일이다. 다른 사람에게 피해를 주지 않고 다른 사람을 위험하게 만들지 않으니까 말이다.

* 사람들이 사회규범을 만든 이유는 무엇일까?
* 여러분이 잘 지키지 않는 사회규범은 무엇인가? 그리고 그 이유는?

세상과 이야기하는 법

김춘수 시인의 '꽃'이라는 시에는 "내가 그의 이름을 불러주었을 때/ 그는 나에게로 와서/ 꽃이 되었다"는 구절이 나온다. 별 의미 없던 것이 이름을 불러주는 소통을 하면서 특별한 의미가 되었다는 말로 이해해도 좋겠다.

현대를 소통부재 사회라고 말한다. 서로의 생각과 마음이 통하지 않고 충돌한다. 다가서는 방법, 마음의 문을 여는 방법을 모르기 때문이다. "내가 그의 이름을 불러준 것처럼/ 나의 이 빛깔과 향기에 걸맞은" 이름을 찾아 불러주는 것, 그것이 바로 소통이다.

99
내가 모르는 것을 아는 척하지 않겠습니다
I will not pretend to know something that I do not.

기골이 장대하고 성격이 불같았던 자로가 공자를 만났다. 공자가 물었다.

"자네는 무엇을 좋아하나?"

"나야 무기를 좋아하지요."

자로는 일부러 퉁명스레 대답했다.

"학문도 좋아하는가?"

"그깟 학문이 밥을 먹여준 답니까?"

"말에는 채찍이 필요하고 활에는 화살이 필요하듯이 사람에게는 거만한 성품을 바로잡는 가르침이 필요한 법이지."

공자의 말에 감명 받은 자로는 제자가 되기로 했다. 그러나 본래의 성격은 쉽게 버릴 수가 없었다. 성격이 급해 큰소리를 내고, 남에게 지기 싫어해 모르면서도 아는 척하는 일이 많았다. 공자가 그런 자로를 타일렀다.

"자로야, 네게 진짜 앎이 무엇인지 가르쳐 주겠다. 아는 것은 안다고 하고 모르는 것은 모른다고 하는 것, 그게 곧 아는 것이야."

공자는 자로가 좌충우돌하는 문제아였지만 그를 퍽 아껴서 언젠가는 이런 칭찬도 했다.

"누더기를 입고도 좋은 옷을 입은 사람 앞에서 당당할 수 있는 사람은 자로뿐일 거야."

모르는 것은 부끄러운 일이 아니다. 모르면서도 아는 척 감추면, 새로운 지식을 얻을 기회가 없어진다. 중국의 철학자인 노자도 모르면서 아는 척하는 것은 병이라

고 했다. 모를 때는 당당하게 모른다고 해도 된다.

＊ 모르는 것을 아는 척해서 생긴 해프닝이 있는가?
＊ 사람들이 모르면서 아는 척하는 심리는 무엇일까?

100

대화를 할 때 내 주장만 하지 않겠습니다

I will listen with an open mind to different opinions.

세종대왕(1397~1450년)은 국가의 기틀을 바로잡고 과학, 문화, 예술, 경제 등 다양한 분야를 발전시킨 훌륭한 지도자였다. 특히 중요한 나랏일을 결정할 때 신하들의 의견을 잘 듣기로도 유명했다.

세종은 국가 정책을 결정할 때 신하들과 토론을 즐겼다. 눈치를 보지 않고 소신 있게 말하는 신하에게 귀를 기울였다. 여진족이 쳐들어왔을 때였다. 세종은 신하들을 불러 모아 군사를 출동시키는 문제를 논의했다.

"모두 의견을 말해 보시오."

왜구를 물리치는 데 공이 컸던 장수 최윤덕이 말했다.

"전하, 북쪽 오랑캐가 침입한 곳은 군사작전을 펴기가 힘든 곳입니다. 그러니 군사를 출동해서는 안 됩니다."

세종이 말했다.

"오랑캐들이 우리 백성을 죽이고 잡아가는 데도 가만 두면 만만히 보고 더 자주 침략하지 않겠소?"

"그렇긴 하오나 준비 없이 전투에 나가서는 안 됩니다. 조정은 왜구의 침략에 대비해서 백 년 동안 준비를 했습니다. 하오나 북쪽 오랑캐에 대해서는 이제 겨우 십 년을 준비했으니 아직은 때가 아니옵니다."

듣고 있던 세종은 고개를 끄덕였다.

"흐음, 경의 말이 옳소. 그러나 이번 전투는 적의 실상을 알아두자는 목적도 있소. 그러니 군사를 보내 적을 쳐 봅시다.

강제적인 명령이 아니라 설득이었다. 이에 최윤덕도 세종의 의견에 찬성했다.

또렷한 자기 주장을 갖고 있는 것은 바람직하다. 그러나 대화를 하거나 의논을 할 때 자기 주장만 고집하는 사람은 다른 사람과 소통할 마음이 없는 것과 같다. 혼자서만 떠들고 남의 이야기를 듣지 않는 사람도 마찬가지이다. 남의 이야기를 유념해 듣는 일은 소통을 하기 위해 가장 먼저 해야 할 일이다.

* 남의 말을 유념해 들으면 어떤 장점이 있을까?
* 자기 주장만 고집하는 것과 설득은 어떻게 다른가?

101

대화를 할 때 건성으로 답변하지 않고
성의를 다해 대답하겠습니다

I will listen to what people want to say, and respond sincerely.

유비, 관우, 장비가 나오는 『삼국지연의』는 명나라 때 나관중(1330~1400년)이 쓴 고대소설로, 지금도 널리 사랑받고 있다. 이 소설에 제갈량의 스승인 사마휘가 나온다. 사마휘를 소설에서는 호호 선생이라 불렀다. 누구의 말에도 항상 '좋다!'고 했기 때문이다. 좋다는 말은 듣기에 달콤해서 누구라도 좋아했다. 사마휘의 좋다는 말은 입버릇이 되어서 시도 때도 없이 나오는 것이 문제였다.

어느 날 사마휘의 친구가 오랜만에 찾아왔다. 친구의 얼굴은 어두운 그림자가 드리워져 있었다. 사마휘는 무슨 일이냐고 물었다.

"아들이 죽었네."

사마휘는 안 됐다는 표정을 지으면서 입으로는 이렇게 말했다.

"그것 참 좋은 일이군."

그렇게 말하고도 사마휘는 잘못을 깨닫지 못했다. 곁에서 듣고 있던 사마휘의 아내가 깜짝 놀라 한마디 했다.

"그런 말이 어디 있습니까? 친구 분께서 귀한 아들을 잃고 시름에 잠겼는데 좋다니요?"

사마휘가 대답했다.

"부인 말도 참 좋은 말입니다."

청소년들도 습관처럼 쓰는 말이 있다.

싫어. 몰라. 됐어. 그냥.

사마휘의 '좋다'는 말투처럼 이와 같은 습관적 말투는 대화를 방해한다. 대화하

기 싫을 때는 차라리 '지금 말고 나중에 하자'라고 자기 기분을 사실대로 말하는
것이 바람직하다.

* 여러분이 습관처럼 사용하는 말은 무엇인가?
* 남의 말을 건성으로 듣거나 건성으로 대답해서 낭패를 겪은 적은 없나?

102

오해가 생겼을 때 상대방의 말을 충분히 듣고 나서 판단하겠습니다

When there's a misunderstanding, I will carefully listen to the other person's opinion.

우리나라의 전설 가운데 오해로 각시를 죽게 만든 신랑 이야기가 있다.

옛날 한 마을에 살던 총각이 예쁜 처녀와 혼인을 했다. 총각은 기분이 좋아 술을 많이 마셨으며, 오줌을 누려고 밖에 나왔다. 볼 일을 마치고 돌아와 방문 앞에 선 총각은 깜짝 놀라고 말았다. 방문에 긴 칼 그림자가 일렁였기 때문이다. 총각은 술이 확 깨며 머리카락이 바짝 섰다.

'누군가 나를 죽이려고 칼을 들고 서 있어. 내 각시와 정분이 난 사내인 게야. 가증스럽게도 나를 속이고 혼인을 하다니.'

신랑은 정이 뚝 떨어져 그 길로 달음질을 쳐 버렸다.

세월이 지났다. 신랑은 길을 가다가 우연히 그 집에 들르게 되었다. 기분 나쁜 기억에 빠져서 방문을 연 신랑은 그만 깜짝 놀라고 말았다. 방 안에는 각시가 앉은 채로 죽어 있었다. 잠시 뒤 신랑은 더 놀라운 모습을 목격했다. 뒤뜰의 대나무가 바람에 일렁이며 창문에 긴 칼 그림자를 만들었던 것이다. 그제야 신랑은 첫날 밤 문에 비쳤던 그림자가 칼이 아니라 대나무인 것을 알았다.

섣부른 오해가 불러온 비극이다. 우리도 친구와 오해가 생겼을 때 설명도 들어보기 전에 섣불리 판단하지 않는지 뒤돌아보자. 사소한 오해로 쌓은 마음의 벽은 시간이 지나면 더욱 단단하게 굳어서 헐어내기가 쉽지 않다.

＊ 사소한 오해로 친구관계가 서먹해진 적은 없는지 말해 보자.

＊ 오해가 생기는 원인은 무엇인가?

＊ 오해를 푸는 방법에 대해 이야기해 보자.

103

상대방이 싫다고 하거나 거절하는 것도
이해하며 받아들이겠습니다

If someone says 'no' or refuses, I will understand and accept it.

1999년, 영국 여왕인 엘리자베스 2세가 우리나라에 왔다. 언론은 여왕의 방문이 1883년, 영국과 조선 사이에 통상조약이 체결되고 처음 있는 일이라며 대서특필했다. TV에서는 여왕의 움직임이 실시간으로 비춰졌다. 여왕이 거리를 걷고 있는데 한 남자가 여왕에게 공책을 내밀며 사인을 부탁했다. 여왕은 잠시 당황하더니 아주 명쾌한 목소리로 "No!" 하고 말했다.

여왕의 당당한 거절은 우리 정서로는 인정머리 없는 일이라고 생각될 수 있다. 그러나 이는 문화적인 차이로 보는 것이 타당할 것 같다. 여왕의 입장에서는 미리 약속하지 않은 일이니 거절을 해도 문제가 없었을 것이다.

우리 문화에서는 친분을 내세워 부탁을 하는 일이 많다. 인정 때문에 거절을 하는 것도 쉽지 않다. 그래서 마지못해 허락하고는 속으로 끙끙 앓는 일이 많다. 그러나 거절할 때는 솔직한 이유를 대며 명료하게 할 필요가 있다. 부탁에 응할 마음도 없으면서 '생각해 본다'며 시간을 끌거나, 내키지 않는데도 억지로 들어줄 필요는 없다. 부탁을 한 입장이라면 정중한 거절을 당했을 때 부끄러워하거나 노여워하지 말자. 누구나 싫을 때는 싫다고 말할 수 있어야 한다.

* 여러분은 명쾌하게 거절을 하는 편인가?
* 내키지 않지만 거절을 하지 못한 경우가 있나? 그 이유는 무엇인가?

104

나의 잘못이나 실수를
타인의 탓으로 돌리지 않겠습니다

I will not blame others for my own mistakes.

우리 속담에 '쟁기질 못하는 놈이 소 탓한다'는 말이 있다. 자기의 능력이 모자란 것을 탓하지 않고 남에게 책임을 돌릴 때 쓰는 말이다. 사람들은 곤경에 처하거나 일을 그르쳤을 때 핑계대기를 좋아한다. 나 아닌 누군가에게 책임을 떠넘기는 것이다.

아침에 늦잠을 자서 학교에 늦었다고 가정해 보자. 누구의 잘못인가? 깨워주지 않았다고 부모님을 탓할 것인가? 빨리 달리지 않았다고 버스 기사 아저씨를 원망할 것인가?

정해진 시간에 학교에 가는 것은 자신의 일이다. 그러니 책임도 자기가 져야 한다.

우리가 팀일 경우도 마찬가지이다. 옆 반과 축구경기를 하는데 2대0의 점수로 우리 팀이 졌다. 누구의 잘못일까? 골을 허용한 골키퍼의 잘못일까? 사람들의 비난은 골키퍼에게 몰릴지도 모르지만 결과적으로 패배는 팀이 함께 책임져야 하는 일이다. 수비수는 상대편 공격을 제대로 막아주지 못했고 공격수는 기회를 놓쳤으며 감독이나 코치는 작전을 제대로 수행하지 못한 것이다. 만약 골키퍼의 책임만으로 몰고 간다면 누가 골키퍼를 하려 하겠는가? 그 팀은 오합지졸이 되고 말 것이다.

당나라의 두 번째 왕인 태종은 통치의 기본적인 내용이 담겨 있는 『정관정요』라는 언행록을 썼는데, 그 가운데 이런 말이 있다.

"남 탓 하지 마라. 문제는 언제나 내 안에 있다."

* 일이 잘못 되었을 때 나는 내 탓을 많이 하는가, 남의 탓을 많이 하는가?
* 명백히 다른 사람의 실수로 일을 그르쳤을 때도 책임은 본인이 져야 하는 것일까?

105

나는 우연한 만남도 좋은 인연이 되도록 하겠습니다

I will try to turn my encounters with others into something good.

앞일을 예측할 수 있는 한 스님이 있었다. 그 스님에게는 제자가 있었는데 일주일 뒤에 죽을 운명이었다. 스님은 제자에게 집으로 갔다가 일주일 뒤에 돌아오라고 말했다. 가족들에게 임종을 지키게 하려는 배려였다.

제자는 집으로 가는 도중에 개미들이 물에 휩쓸려가는 것을 보았다. 그래서 입고 있던 옷에 흙을 담아서 둑을 쌓아 물길을 막았다. 그러고는 개미를 물에서 건져 살려냈다.

일주일 뒤. 스님은 제자가 멀쩡히 걸어오는 것을 보고 깜짝 놀랐다. 그간의 사정을 모두 듣고 나서야 개미를 구해준 복으로 목숨이 연장된 것을 알았다.

이 이야기는 좋은 인연을 만들면 복을 받는다는 가르침을 준다. 불교에서는 모든 것이 인연 따라 일어난다고 말한다. 이때 인연이란 사람과 사람의 만남만을 의미하지는 않는다. 사람이 행하는 일의 원인과 결과도 인연에 해당한다. 그래서 착한 인연을 만들면 착한 결과를 가져오고 나쁜 인연을 만들면 나쁜 인연을 가져온다고 했다.

사람으로 태어나는 일이나 사람끼리의 우연한 만남도 좋은 인연 뒤에 일어난 일이다. 사람과 사람이 만나는 일은 장구한 세월의 인연이 있어야 가능하다고 한다. 부모자식, 친구 관계는 물론, 한 나라에서 태어난 것만으로도 대단한 인연이다. 우리 모두는 참 좋은 인연이다. 낯선 사람과 스쳐 지날 때도 찌푸리지 말고 좋게 대해야 하는 이유가 여기에 있다.

* 여러분과 옆자리의 친구는 어떤 인연으로 만나게 된 것일까, 상상해서 말
해 보자.
* 우연한 만남이나 일이 훗날 중요하게 된 경험을 이야기해 보자.

106
나는 이성친구를 대할 때 예의를 갖추겠습니다

I will treat people of the other gender with respect.

어느 날 비구니 '소마'가 숲에 들어가 좌선을 하고 있었다. 악마 파순이 소마의 수행을 방해하려고 마음먹었다. 파순은 소마에게 다가가 이렇게 말했다.

"성자들이 도달한 경지는 쉽지 않아. 손가락 두 개의 지혜밖에 없는 여인이 그곳에 도달할 수 있겠어?"

소마는 파순이 수행을 방해하는 악마임을 알아채고 이렇게 말했다.

"마음이 삼매경에 들었는데 여자인 것이 무슨 상관인가. 지혜가 생기면 올바른 법을 볼 것이다."

파순은 소마의 마음이 올곧은 것을 알고는 도망치듯 사라졌다.

불교에서는 진리에 남녀차별은 없다고 강조한다. 여자의 몸으로 불도를 이루는 것이 불가능하면 남자도 불가능하다고 말한다. 남녀의 구별뿐 아니라 신분의 높고 낮음도 없다. 부처님 앞에서는 모든 사람이 평등하다.

양성평등이 이루어졌다고는 하지만 아직도 성별로 인한 고정관념은 뿌리 깊다. 몇 해 전 이탈리아의 한 병원에서 갓 태어난 아기들에게 똑같은 색깔의 옷을 입히는 실험을 했다. 평소에는 아기를 잘 돌보던 간호사들은 성별 구분이 어렵게 되자 갑자기 당황했다고 한다. 남자, 여자를 구분하는 사람들의 고정관념이 얼마나 뿌리 깊은지를 보여주는 사례이다.

남자와 여자는 성 역할이 분명히 다르다. 그러나 그것이 차별의 이유가 될 수는 없다. 이제는 뿌리 깊은 고정관념을 걷어내고 이성 친구에게 인간으로서의 예의를 갖추자. 누구도 여자라는 이유로 또는 남자라는 이유로 차별 받아서는 안 된다.

＊ 가정이나 학교에서 남성이라는 이유로, 혹은 여성이라는 이유로 차별받은
경험이 있나?

＊ 우리 사회에 성 불평등이 존재한다고 생각하는가? 어떤 것들인가?

107

나는 남을 쉽게 동정하거나 무시하지 않겠습니다

I will not carelessly sympathize with others or look down on them.

브라질 태생의 세바스티앙 살가도(Sebastiao Salgado, 1944~)는 다큐멘터리 사진작가이다. 살가도는 경제학자로 일하던 20대 후반에, 일 때문에 아프리카를 방문했다가 인생을 바꾸었다. 아프리카의 풍경을 사진 찍기 시작하면서 다큐멘터리 사진작가의 길을 걷게 된 것이다.

이후 살가도는 분쟁과 환경재앙이 일어난 곳을 찾아다니며 사진으로 기록을 남겼다. 고국 브라질에서는 열대우림의 파괴 실상을 알리는 한편, 재단을 만들어 나무를 심고 있다. 살가도는 몸소 실천하고 행동하는 작가이다.

살가도의 카메라가 가장 많이 담는 장면은 아프리카다. 살가도는 30여 년 동안 아프리카의 모습을 찍어 왔다. 그런 그가 자신의 사진을 두고 이렇게 말한다.

"아프리카의 모습을 찍은 사진에서 동정심이 일어났다면 내 사진을 잘못 이해하고 있다."

살가도의 사진에는 일상생활을 살아가는 아프리카 사람들의 웃음, 고단함이 담담히 담겨 있다. 지구촌 어디에서나 볼 수 있는 모습이다. 살가도의 사진은 아프리카 사람들도 우리와 똑같은 문제로 웃고 떠들고 갈등하고 괴로워한다고 말한다. 살가도가 일본에서 전시회를 할 때 한 인터뷰에서 이런 말을 했다.

"일본과 아프리카의 공통점이요? 일본의 엄마들은 아이가 아프면 아파하지요? 아프리카의 엄마들도 똑같습니다."

아프리카 사람들의 생활이 우리보다 낙후된 것은 사실이다. 경제적으로 어렵고 곤란하다. 그러나 그들을 불쌍하다는 눈길로만 보는 것은 곤란하다. 우리보다 형

편이 조금 나쁜 사람을 볼 때도 마찬가지이다. 우리는 동정심이 아닌 동료애로 주변을 보아야 한다. 그 사람들에게 필요한 것은 우리의 눈물이 아니라 배려와 도움이다.

* 우리보다 불행한 사람을 보면서 상대적으로 행복을 느끼는 것에 대해서 비판해 보자.
* 여러분이 생각하는 행복의 조건은 무엇인가?

108

내가 가진 것에 집착하거나
갖지 않은 것을 탐하지 않고
세상의 이로움을 위해 베풀며 살겠습니다

I will not get attached to material things, and be willing to share for the good of the world.

그리스 신화에 나오는 미다스는 프리기아의 왕이었다. 매우 부유했지만 욕심이 많아서 더 많은 부를 원했다. 어느 날, 미다스 왕은 숲에서 반인반수인 실레노스를 잡았지만 그가 신의 양아버지인 것을 알고 잘 대해 주었다. 지혜가 뛰어났던 실레노스는 술의 신인 디오니소스를 키우고 가르친 스승이자 양아버지였던 것이다. 디오니소스는 미다스 왕에게 실레노스를 잘 대해주어 고맙다며 어떤 소원이라도 들어주겠다고 했다.

"내가 만지는 것은 모조리 금이 되게 해주세요."

디오니소스는 소원을 들어주었고 미다스는 매우 만족스러워했다. 그러나 얼마 지나지 않아 문제점이 나타났다. 먹고 마시는 일에 지장이 생긴 것이다. 과일을 먹으려고 집어 들어도 황금이 되었고 물을 마시려고 해도 황금이 되었다. 사랑하는 자녀를 쓰다듬어 줄 수도 없었다. 미다스는 디오니소스에게 또 다시 소원을 말했다.

"제발 이 능력을 없애주세요. 이제 황금은 지긋지긋합니다."

디오니소스는 강에 가서 몸을 씻으면 힘이 사라질 것이라고 했다. 미다스는 디오니소스의 말대로 강에 가서 몸을 씻었고 저주스러운 능력도 사라졌다. 대신 강에는 사금이 생겨나기 시작했다.

미다스 왕의 이야기는 욕심과 집착의 덧없음을 말해준다. 사람들이 행복하지 않은 이유는 만족을 모르고 계속 욕심만 내기 때문이다. 가진 것이 많을수록 사람들

은 더 많은 것을 원한다. 남이 가진 것을 빼앗기도 한다.

무리한 욕심은 화를 부른다. 『이솝우화』에 나오는 욕심 많은 개처럼 입에 고기를 물고서 물그림자에 비친 고기를 탐해서는 안 된다. 빼앗겠다고 무섭게 짖는 순간 내가 물고 있는 고기도 놓치고 만다. 욕심을 내려놓아야 행복하다.

* 여러분은 욕심이 많은 편인가? 어떤 일에 욕심을 내는가?
* 많이 가진 사람이 더 많은 것을 탐하는 원인은 무엇이라고 생각하는가?

참고자료

도서

「2012년도 학교건강검사 표본조사 결과(요약자료)」, 교육과학기술부, 2013

「카뮈-사르트르 논쟁사」, 윤정임, 『유럽사회문화』제6호, 2011.6

『고사성어대사전』, 임종욱 저, 시대의 창, 2008

『그건 사랑이었네』, 한비야, 푸른숲, 2009

『나무를 심은 사람』, 장 지오노 저, 김경온 역, 두레, 2005

『다윈의 꿈틀꿈틀 지렁이 연구』, 니즈마 아키오 저, 고향옥 역, 비룡소, 2012

『백범일지』, 김구 지음, 도진순 옮김, 돌베개, 2005

『어린왕자』, 생 텍쥐페리 저, 박성창 역, 비룡소, 2000

『완득이』, 김려령 저, 창비, 2008

『우동 한 그릇』, 구리 료헤이 저, 청조사, 2010

『장자: 절대적인 자유를 꿈꾸다』, 장자 저, 김학주 역, 연암서가, 2010

『제임스 카메론 더 퓨처리스트』, 레베카 키건 저, 오정아 역, 21세기북스, 2011

『조선시대 생활사 3』, 한국고문서학회 저, 역사비평사, 2006

『프랭클린 자서전』, 벤저민 프랭클린 저, 이계영 역, 김영사, 2001

『화성에서 온 남자 금성에서 온 여자』, 존 그레이 저, 김경숙 역, 동녘라이프, 2008

인터넷

국립국어원 http://www.korean.go.kr

두산세계대백과 www.encyber.com

문화원형 백과사전 http://culturedic.daum.net

영남퇴계학연구원 • 국제퇴계학회 http://www.toegye.ne.kr

유네스코 세계유산센터 http://whc.unesco.org

유엔 환경기획 http://www.unep.org

조선왕조실록 http://sillok.history.go.kr

존 고다드 홈페이지 http://www.johngoddard.info

테드 www.ted.com

한국공정무역연합 http://www.fairtradekorea.net

한국불교문화종합시스템 http://buddha.dongguk.edu

한국언론진흥재단 http://www.kinds.or.kr

한국학중앙연구원, http://www.aks.ac.kr

언론보도 및 기타

「갑부 슈마허, 자식에겐 자린고비」, 연합뉴스, 2005.3.3

「독립투사 변론 일본인에 첫 '건국훈장'」, 한겨레, 2004.10.13

「독일 완구시장 고급화 바람」, 주간무역, 2012.08.24

「로자 파크스-인간의 존엄을 향한 여정」, 한국일보, 2009.7.20

「말랄라 유사프자이 "여성 교육권 운동 계속하겠다"」, 한국일보, 2013.2.5

「살가도, 진정한 예술은 인간 생존의 몸부림」, TV리포트, 2005.8.3

「올해 엽기 노벨상 수상자는?」, 더 사이언스, 2009.10.4

「우루과이 경찰, 휘파람만 불어도 '성희롱' 책임」, 나우뉴스, 2013.02.15

「자네의 뇌물은 하늘이 알고 땅이 안다」, 주간동아, 2010.03.23일자 728호

「호주 퀸즈랜드주 관광청 "꿈의 직업에 초대합니다"」, 파이낸셜뉴스, 2009.1.13

「시간을 달리는 소녀」, 애니메이션, 호소다 마모루 감독, 2007

엮은이
윤지원
—

기획
원일훈(홍익대학교 교수)
정광균(철학박사)
김송묵(철학박사)
—

글
신연호(어린이책 작가)
김규년(공학박사, 전 울산대학교 교수)
박선아(전 울산 타임즈 기자)
—

그림
원일훈, 김선용, 최진만
—

영문
Brian Zingmark(오하이오 주립대학 박사과정 수료)

자녀의 인생을 바꾸는 108가지 이야기

초판 1쇄 인쇄 2013년 7월 16일 | **초판 1쇄 발행** 2013년 7월 22일
엮은이 윤지원 | **펴낸이** 김시열
펴낸곳 도서출판 너울북
　　　　(136-034) 서울 성북구 동소문동 4가 270번지 성심빌딩 3층
　　　　전화 (02) 926-8361 | **팩스** 0505-115-8361
ISBN 978-89-967380-7-7　43370　값 16,000원
http://cafe.daum.net/unjubooks